新时代背景下的
国际传播与语言服务

主编　刘　军

中国出版集团有限公司

世界图书出版公司

上海　西安　北京　广州

图书在版编目(CIP)数据

新时代背景下的国际传播与语言服务/刘军主编.
上海：上海世界图书出版公司,2024.10. -- ISBN 978 -
7 - 5232 - 1690 - 3

Ⅰ.G206；H0

中国国家版本馆 CIP 数据核字第 2024N5Y389 号

书　　名　新时代背景下的国际传播与语言服务
　　　　　Xinshidai Beijing Xia de Guoji Chuanbo yu Yuyan Fuwu
主　　编　刘　军
出 版 人　唐丽芳
责任编辑　魏丽沪
装帧设计　南京展望文化发展有限公司
出版发行　上海世界图书出版公司
地　　址　上海市广中路 88 号 9 - 10 楼
邮　　编　200083
网　　址　http://www.wpcsh.com
经　　销　新华书店
印　　刷　杭州锦鸿数码印刷有限公司
开　　本　890mm×1240mm　1/32
印　　张　5.625
字　　数　136 千字
版　　次　2024 年 10 月第 1 版　2024 年 10 月第 1 次印刷
书　　号　ISBN 978-7-5232-1690-3/ G·898
定　　价　66.80 元

目　　录

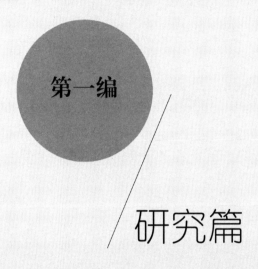

第一编

研究篇

1 新时代国际传播研究

1.1 新时代背景下的中华文化国际传播研究——以海外汉学为研究方向

李 颖①

摘 要: 海外汉学是海外学者进行汉学研究的综合性学科,是中国学者了解国际社会对中华文化认知程度和接受程度的重要窗口。截至目前,许多中国学者都对国际传播进行了研究,但鲜有学者从海外汉学这一研究方向展开讨论。将海外汉学作为研究方向,对海外汉学领域中华文化国际传播的研究内容进行分类,探索推动中华文化国际传播的策略,有利于拓宽新时代背景下中华文化国际传播的研究视野,开辟新的研究路径,完善国际传播体系,更好地推动中华文化走向世界,增强中华文明在国际社会的影响力和感召力。

关键词: 国际传播;海外汉学;中华文化

在党的十九大报告和党的二十大报告中,都有关于"国际传播"的表述。党的十九大报告指出,要"推进国际传播能力建设"(习近平,2017);党的二十大报告进一步提出,要"加强国际传播能力建设,全面提升国际传播效能,形成同我国综合国力和国际地位相匹配的国际话语权"(习近平,2022)。通过对比,可以看出,党的二十大报告中关于"国际传播"的表述更详细、更深入、更充分,说明在新时代的背景下,党中央越来越重视国际传播工作。与此同时,党的二十大报告还增加了"增强中华文明传播力影响力""坚守中华文化立场,提炼展示中华文明的精神标识和文化精髓,加快构

---

① 李颖,博士,讲师,上海出版印刷高等专科学校外语系,研究方向:海外汉学、中西文化交流。

建中国话语和中国叙事体系""深化文明交流互鉴,推动中华文化更好走向世界"(习近平,2022)等有关"中华文明"和"中华文化"的表述。在有关国家形象的论述方面,党的十九大报告提出,要"展现真实、立体、全面的中国"(习近平,2017);党的二十大报告则指出,要"展现可信、可爱、可敬的中国形象"(习近平,2022)。因此,如何通过"国际传播",向世界阐释"中华文明"和"中华文化",进而"展现可信、可爱、可敬的中国形象"值得深思和研究。

1.1.1　海外汉学研究的必要性和时代意义

纵览近年来我国推行的对外宣传政策,有关中华文化的国际传播主要围绕以下几方面开展:一是传播与普通老百姓生活密切相关的故事,引起其他国家民众的共鸣;二是突出亲情、爱情、友情等人文关怀,使其他国家民众知悉中国文化背后的中国精神;三是展现深层次的文化底蕴与高层次的文化追求,使世界人民了解当代中国的政治思想和经过几千年历史沉淀下来的中华优秀传统文化。大多数学者主要围绕如何向国际社会传播中华文化展开论述,鲜有学者从海外汉学的角度进行讨论。

自20世纪80年代以来,学术界普遍认为海外汉学指的是除中国(含港、澳、台地区)以外的学者对中国清王朝末年以前在中国出现的汉民族及其他所有少数民族有文字记载的文献和无文字记载的非物质文化遗产进行研究的一门综合性学科,包括历史、政治、军事、社会、教育、科技、文学、哲学、经济、艺术、语言、文字、宗教、天文、地理、民俗等方面。16—17世纪西方来华传教士观察和记录中国的社会生活,汉学研究初现雏形。海外汉学大致经历了四个阶段:萌芽期、确立期、发展期和繁荣期。目前,按照区域划分,海外汉学可分为美国汉学、欧洲汉学和东亚汉学。

如何向国际社会传播中华文化是中华文化国际传播研究的重点,海外学者进行的汉学研究是我们了解国际社会对中华文化认知程度和接受程度的重要窗口。通过对海外汉学进行研究,进一步认识国际社会对中华文化的了解程度,可明晰国际社会关注中华文化的具体情况:对哪些中华文化感兴趣,还有哪些中华文化不为国际社会所知,国际社会对中华文化的哪些部分存在误解,在哪些方面中华文化与西方文化存在差异,从而导致国际社会不认同甚至排斥。对这些内容进行充分了解,可以帮助学者们寻找中华文明和中华文化国际传播的切入点,以国际社会所关注和感兴趣的内容为基础,持续展现可信的中国形象;不断向国际社会阐释其不了解的中华文化"新内容";通过将中西文化进行对比,围绕存在的差异进行论述,帮助西方读者更好地理解中华文化,尽可能减少西方读者的"误读"。在一些情况下,西方意识形态中的中国形象是西方将有关中国的概念、思想、神话或幻象结合在一起,构成的西方现代文化自我投射的"他者"的幻想空间。通过对海外汉学进行研究,中国学者可以对海外学者的观点进行"纠偏",破除西方对中国有关的错误观念,解构西方话语体系,正确引导国际舆论,不断展示真实的中国文化形象,树立可爱和可敬的中国形象。在国际文化市场上,积极构建中国的"文化主权"。

2021年5月31日,十九届中共中央政治局就加强我国国际传播能力建设进行第三十次集体学习。习近平总书记在主持学习时强调,要"着力提高国际传播影响力、中华文化感召力、中国形象亲和力、中国话语说服力、国际舆论引导力"(习近平,2021)。以海外汉学为研究方向,明晰海外汉学具体的研究内容,对提升国际传播"五力"具有重要意义。目前,我国正处于"迈上全面建设社会主义现代化国家新征程、向第二个百年奋斗目标进军的关键时刻"(习近平,2022),面对错综复杂的国际舆论环境,研究海外汉学,有助于推动中华文化的国际传播由"全面开花"转为"各个击破",精准有效地向国际社会传播中华文化,从而提高中华文化的传播力和影响力;研究海外汉学,能深入挖掘国外学者运用中国古代思想解决当代问题的案例,弘扬中华文化的价值引领作用,从而提高中华文化的感召力,增强中国文化软实力;研究海外汉学,不断将中西文化进行对比,能推动中华文化由"走出去"转为在对比中"融进去",从而打破"刻板印象",提高中国形象的亲和力,树立"可爱的"中国形象;研究海外汉学,正视国外学者的质疑与批判,开诚布公地回应,逐渐由"被动解释"转为"主动诠释",能构建中国话语体系,提高中国话语说服力;研究海外汉学,与海外汉学家密切交流,通过海外汉学家在汉学国际学术平台讲好中国故事、传播中国声音,能提高国际舆论引导力。

值得一提的是,2022年9月,国务院学位委员会、教育部印发《研究生教育学科专业目录(2022年)》,在第14类交叉学科门类中新增了区域国别学,可授经济学、法学、文学、历史学学位。钱乘旦教授和刘军教授指出,"国别与区域研究具有交叉学科门类的特征,能够弥补长期以来我国学界对域外了解不够深入的情况"(钱乘旦、刘军,2022)。李宝贵教授与刘家宁教授指出,"加强区域国别中文国际传播研究,有助于深化中文国际传播基础理论研究,构建区域国别研究范式"(李宝贵、刘家宁,2022)。海外汉学研究是中外文明交流互鉴的桥梁,具有区域国别研究属性。通过海外汉学研究,能够对域外有更加深入的了解,有助于国别与区域研究的开展,为区域国别学学科建设服务。加强海外汉学研究,有助于中文国际传播能力的提升,对区域国别中文国际传播研究的推动具有重要意义。

1.1.2 海外汉学领域中华文化国际传播的具体内容

海外汉学是一门综合性学科,研究范围十分广泛,但自汉学研究初具雏形起至今,中华文化一直是海外汉学的研究重点。具体来说,可以从以下三方面对海外汉学中的中华文化国际传播进行研究:一是梳理海外汉学领域中华文化研究的发展历史;二是按照不同的学科和主题,对有关中华文化的研究进行分类、整理和研究;三是对有关中华文化的典籍在海外的译介进行研究。

1.1.2.1 海外汉学领域中华文化研究的发展历史

虽然早在古希腊时期,西方已经开始尝试探索和了解中华文化,但真正对中华文化的研究开始于 16 世纪末。在 16 世纪末至 17 世纪末汉学的萌芽阶段,由胡安·冈萨雷斯·德·门多萨(Juan Gonzalez De Mendoza)撰写的《中华大帝国史》(*Historia del Gran Reino de la China*)于 1585 年出版。该书介绍了中国的文化、宗教信仰、风俗和礼仪等知识,被认为是当时该领域最全面、最详尽的一部百科全书。在这一阶段,关于中华文化的书籍绝大多数由传教士撰写,对中华文化的研究多停留在介绍层面,并未形成系统性研究。17—18 世纪的中西"礼仪之争"激发了西方各派传教士对中华文化进行进一步研究的兴趣。18 世纪初至 19 世纪初,西方涌现了一批有关中华文化的研究成果。其中,由杜赫德(Jean Baptiste Du Halde)编著、于 1735 年出版的《中华帝国及其鞑靼地区地理、历史、编年、政治、自然之描述》(也被中译为《中华帝国全志》)(*Description géographique, historique, chronologique, politique et physique de l'empire de la Chine et de la Tartarie chinoise*)收录了许多中国文学和史学著作的节译,并经常引用中国经典语句说明问题,促进了中华文化的国际传播。有学者甚至把该书看作 18 世纪欧洲有关中华文化的"圣经"。19 世纪中后期,随着西方列强不断对中国发动侵略战争,西方各国对中华文化的研究均有所深入,打破了法国在这一领域的垄断地位。在这一阶段,随着西方翻译中国古籍水平的大幅度提高,西方汉学家通过翻译中国古代经典著作传播中华文化。在此阶段,最为著名的是英国汉学家理雅各(James Legge),他推动了西方对于中华文化的研究由业余走向专业化。作为第一个系统研究、翻译中国古代经典的人,理雅各不仅向西方介绍了中国古代主要的典籍,还向西方传播了中华文化,对西方的哲学、文学和伦理都产生了一定的影响。到了 20 世纪,随着西方众多大学开设汉学课程、成立专门的研究机构,海外汉学研究队伍日益壮大,海外汉学家们逐渐从不同学科、不同视角、不同维度对中华文化展开研究,有关中华文化的研究成果数量递增。这些研究成果不仅向国际社会传播了中华文化,而且有效地促进了中外文化交流,为文明交流互鉴夯实了基础。

1.1.2.2　海外汉学领域中华文化研究的分类

从学科角度来看,在海外汉学领域,文学和历史学学科探讨中华文化的研究成果最为丰硕。在文学学科中,对于中华文化的传播主要从两个层面展开。一是文学作品研究。通过研究中国文学经典,探讨文学作品体现的中华文化精髓——中国哲学思想。例如小尾郊一撰写的《中国文学中所表现的自然与自然观:以魏晋南北朝文学为中心》,通过研究魏晋南北朝时期文学作品中对于自然的描写,向读者阐释中国的自然观;与此同时,他还将中国文学与日本文学进行了比较,在阐释与比较中传播了中国思想。二是人物研究。以中国古代文人为切入点,探讨中国古代文人与中华文化之间的关系。例如艾朗诺(Ronald Egan)撰写的《美的焦虑:北宋士大夫的审美思想与追求》(The Problem of Beauty: Aesthetic Thought and Pursuits in Northern Song Dynasty China),以北宋士大夫为切入点,向读者阐释了北宋时期的审美转向。在该书中,艾朗诺还借用了"互文性"(intertextuality)这一西方文学理论分析北宋士大夫的文学作品,在"以西释中"的过程中传播了中华文化。除了主要通过文学作品研究和人物研究介绍中华文化,海外汉学家们也通过编著中国文学史向读者们传播中华文化。宇文所安(Stephen Owen)和孙康宜(Kang-i Sun Chang)在编著《剑桥中国文学史》(*The Cambridge History of Chinese Literature*)时,就将目标读者定位为西方普通的英文读者,他们采用了"文学文化史"(the history of literary culture)的叙述方法,激发了西方读者对中国文学和文化知识的兴趣。在历史学学科中,海外汉学家们主要基于史料,向读者揭示与历史事件有关的中华文化。例如本杰明·A. 艾尔曼(Benjamin A. Elman)撰写的《晚期帝制中国的科举文化史》(*A Cultural History of Civil Examinations in Late Imperial China*),就是基于 1315—1904 年间的上千份科举考试档案,向读者分析和阐述中国的科举文化。随着跨学科研究的兴起,海外汉学家们不再拘泥于按照传统的文学和历史学学科研究方法探索中华文化,而是根据中华文化不同的主题分类,选择不同学科的研究范式或采用多学科研究方法,对问题进行整合性研究。例如,对于中国绘画文化进行研究的《重屏:中国绘画中的媒材与再现》(*The Double Screen:Medium and Representation in Chinese Painting*);对于中国孝道文化进行探究的《家庭·乡里·朝堂:北宋士人与孝道》(*Performing Filial Piety in Northern Song China:Family,State,and Native Place*);对于中国占卜文化进行研究的《〈周易〉的起源及早期演变》(*The Origin and Early Development of the Zhou Changes*)等。值得注意的是,受西方女性主义思潮的影响,海外学术界重视性别研究,性别研究也成了海外汉学的一个重要分支。海外汉学家高彦颐(Dorothy Ko)、伊沛霞(Patricia Buckley Ebrey)、孙康宜、曼素恩(Susan L. Mann)和方秀洁(Grace S. Fong)等都从性别研究的角度出发,将中国古代女性置于中国特定的历史和文化语境中加以分析,重构了中国古代女性的家庭地位和社会地位,解构了西方女性主义的"差异观",打破了中国古代女性均为受害者的传统观点(李颖,2020),向西方读者传递了中华文化。

1.1.2.3　中华典籍在海外的译介

中华典籍是中国古代先贤智慧的结晶,亦是中华文化重要的组成部分。海外汉学家们对中华典籍进行译介,为海外读者们认识中华文化搭建了桥梁,可以被视为中华文化国际传播的重要途径。海外汉学家们出版的中华典籍译著是海外汉学领域传播中华文化的重要成果。按照中国隋朝将中华典籍分为经、史、子、集四大部类的分类法,纵观海外汉学家们出版的译著,可以看出,海外汉学家们对于中华典籍的译介覆盖了四大部类。在经部中,早在19世纪中后期,理雅各已将中国儒家的主要典籍翻译出版。海外有关中国儒家典籍的译著一直层出不穷。截至目前,仍有汉学家根据不同的翻译策略和对中华典籍、中华文化不同的理解,翻译中国儒家经典。在海外汉学家的经部英译本中,理雅各和阿瑟·戴维·韦利(Arthur David Waley)的译本最为杰出,被广泛流传。在史部中,最为突出的是法国汉学家埃玛纽埃尔-爱德华·沙畹(Emmanuel-èdouard Chavannes),他将部分《史记》内容译成法文,并加以注释。由于沙畹出色的翻译、严谨的考证、丰富的注释和附录使得该译本至今仍有使用价值。沙畹译注《史记》的方法使得法国汉学成为一门现代专门学科。法国汉学家亨利·马伯乐(Henri Maspero)评价该译本为"自理雅各《中国经典》以来欧洲汉学界最重大的著作"。在子部中,海外汉学家们翻译了中国诸子百家的许多著作。以《道德经》为例,据联合国教科文组织统计,《道德经》是除《圣经》以外被译成外文发布量最多的文化名著。美国汉学家邰谧侠(Misha Tadd)在其2022年出版的《译本总目:全球老学要览》中，收录了该著作 97 种语言的 2052 种译本，其中不乏海外汉学家的译介。《道德经》素有"万经之王"和"中华文化之源"之称。海外汉学家们对于《道德经》的译介推动了中华文化和中国智慧走向世界。在集部中，海外汉学家们对许多中国诗文词总集和专集进行了译介。以中国文学史上第一部浪漫主义诗歌总集《楚辞》为例，在海外汉学领域，《楚辞》一直是研究的热点之一。自1879 年庄延龄（Edward Harper Parker）首次英译《楚辞》后，理雅各、戴维·霍克斯（David Hawkes）、伯顿·沃森（Burton Watson）和宇文所安（Stephen Owen）等海外汉学家先后翻译了《楚辞》。其中，戴维·霍克斯对《楚辞》的译介和研究不仅向西方世界传播了中国的浪漫主义文学，其研究也是西方《楚辞》研究领域最权威的著作，为西方《楚辞》研究奠定了坚实的基础。此外，一些海外汉学家还致力于收集和翻译中国诗歌作品，并将其集结成册，印刷出版，向西方读者传播中华文化。例如，美国汉学家孙康宜与苏源熙（Haun Saussy）邀请了 63 名美国汉学家担任翻译，合编出版了《中国历代女诗人选集》（*Women Writers of Traditional China: An Anthology of Poetry and Criticism*），该书收录了从汉代到 20世纪初 130 多位中国女性作家具有代表性的诗歌作品。在中国女性诗歌的英译本中，这本选集篇幅之大、涉及的作家类型之广、翻译人数之多，是史无前例的。如今，这本选集已成为许多欧美大学的必备教科书。这本选集的出版不仅使西方读者进一步认识了中国女诗人这一创作群体，了解了中国古代至近代女性文学的概况，还在一定程度上提升了中国女诗人在文学史中的地位，改写了中国文学史。

1.1.3　推动中华文化国际传播的策略

海外汉学家们通过译介和研究不断向海外普通读者和国际学

术界传播中华文化,为新时代背景下中华文化的国际传播做出了一定的贡献。在海外汉学领域,为进一步推动中华文化的国际传播,可以采用以下三种策略:一是坚持以中国中心取向为基本原则;二是加强学术联动;三是采用比较文学研究方法。

1.1.3.1　坚持以中国中心取向为基本原则

纵观基督教在华传教士研究的主要范式(冲击-回应范式与传统-现代范式)都是以西方为中心,强调西方对中国的影响。在文化方面,西方中心取向表现为以西方的文化为标准来阐释非西方国家与民族的文化。在海外汉学领域,海外汉学家们若想推动新时代背景下中华文化的国际传播,就必须摒弃西方中心取向的研究视角,不能以西方的标准来评判中国,而要坚持中国中心取向,在中国的历史与文化的框架中探究中华文化的特质,提炼中华文化的精髓,以事实为依据,向国际社会展现可信的中国形象。

需要注意的是,海外汉学家们坚持中国中心取向,在中国的历史、社会和文化背景下讨论中国文学文化现象,但不能因此走向文化保守主义。文化保守主义是一种文化孤立主义和狭隘的民族中心主义,为保持某一国家或某一民族文化的纯洁性,反对与其他文化进行沟通与交流,主张抵制一切外来文化,采用文化隔离机制和文化孤立政策。文化保守主义在文化上的排他性与封闭性会使持有文化保守主义思想的人们只关注某一国家或某一民族文化上的优点,忽视其缺点与不足,最终因拒绝借鉴其他文化的长处,无法与时俱进,而导致思想的禁锢、文化发展的停滞甚至文化的衰落(杨乃乔,2006)。文化保守主义也会因为过于保守与闭塞,致使其文化失去在国际舞台上表演的机会。海外汉学家们在传播中华文化的过程中,只有坚持以中国中心取向为基本原则,注重不同文明间的交流互鉴,尊重差异,反对文化保守主义和文化霸权主义,才能更好地推动中华文化走向世界。

1.1.3.2 加强学术联动

在海外汉学领域,海外汉学家们是连接中外文明的使者,是中华文化国际传播的中坚力量。要想推动中华文化的国际传播,必须引导海外汉学家们全面、深入地了解中华文化。只有深刻认识中华民族的历史传统、中华文明的博大精深和中华文化的源远流长,海外汉学家们才能够成为中华文化的积极传播者。首先,应邀请海外汉学家们来中国进行学术互动,参加汉学家研修计划、专题研讨会和座谈会,加强海外汉学们与中国研究中华文化的组织和机构的学术交流,加深他们对中华文化的理解与认同。其次,应鼓励海外汉学家们与中国学者尽可能多地展开学术合作,共同翻译中华典籍,共同就某一学术问题展开讨论,共同出版著作。中外学者的学术交流与合作会增进海外汉学家们对中华文化的认识。海外汉学家们一方面可以借鉴中华文化"走出去"的成功经验,更好地向国际社会推介中华文化;另一方面可以助力我国中华文化国际传播能力建设,为构建中国话语和中国叙事体系出谋划策。最后,应促进海外汉学家们相互交流。来自不同国家、在不同学科中从事汉学研究的汉学家们应分享各自的研究成果,相互学习和借鉴传播中华文化的经验,将传播中华文化视为共同目标,有意识地构建海外汉学领域中华文化国际传播体系。

1.1.3.3 采用比较文学研究方法

海外汉学是一门综合性学科,如今随着不同学科之间的交叉与融合,海外汉学家们越来越倾向于超越以往传统学科的研究方式进行学术研究。在海外汉学领域,要想更好地传播中华文化,可以采用以跨民族、跨语言、跨文化和跨学科为比较视域的比较文学研究方法,促进中西文化的交流与融合,以更易于国际社会理解和接受的方式传播中华文化。具体来说,可以采用影响研究和平行研究的研究方法。在比较文学中,影响研究强调的是一个国家的作家或文学作品对其他国家的作家或文学作品的影响。平行研究的主要目的则是通过研究两种或多种文化中文学现象的异同之处,科学地解释造成差别与类同的原因,加深对不同文化与文学的理解与认识。平行研究的前提在于认识到文学与文化兼具普适性与差异性。在海外汉学领域,可以运用影响研究的研究方法探讨中国古典文学对其他国家文学作品的影响,例如研究文言短篇小说集《剪灯新话》的跨国界文化影响;可以运用平行研究的方法对比中西方古典文学作品中反映的文化现象,例如通过对比中西方古典文学作品,探讨中西方的性别观,通过对比中西方古典戏剧,分析中西方的审美追求。在探究中国古典文学的跨国界文化影响、中西方性别观和审美追求的异同以及造成异同的原因等问题的过程中,不断推动中外文化的交流互鉴,增进国际社会对中华文化的理解。

推进新时代背景下中华文化的国际传播是一项综合性、系统性和长期性工程,需要传播学、国际关系学、文化学和文学等学科领域的学者们通力协作,形成合力。以海外汉学为研究方向,是加强中华文化国际传播能力建设的重要途径,可以解决在国际社会中国故事由"谁来讲"、中国声音由"谁来传播"的问题。通过梳理海外汉学领域中华文化研究的发展历史,对中华文化的研究进行分类,探讨中华文化的典籍在海外的译介,可以了解中华文化国际传播的具体内容"是什么",为今后传播内容的凝练与创新打下坚实的基础。通过探讨海外汉学领域推动中华文化国际传播的策略,有助于实现中华文化由"走出去"迈入"走进去"和"融进去"。分析海外汉学领域的中华文化研究为当下学术界探索如何进一步推动新时代背景下中华文化国际传播提供了新的视角。

参考文献

钱乘旦,刘军,2022.国别与区域研究的学科建设:钱乘旦教授访谈[J].俄罗斯研究(2):3－19.

李宝贵,刘家宁,2022.区域国别中文国际传播研究:内涵、进展与优化策略[J].语言文字应用(1):44－55.

李颖,2020.海外汉学的性别视域及其新维度[J].江西社会科学40(10):219－227.

习近平,2017.决胜全面建成小康社会 夺取新时代中国特色社会主义伟大胜利:在中国共产党第十九次全国代表大会上的报告[N].人民日报,10－28(1).

习近平,2022.高举中国特色社会主义伟大旗帜 为全面建设社会主义现代化国家而团结奋斗:在中国共产党第二十次全国代表大会上的报告[N].人民日报,10－26(1).

杨乃乔,2006.比较文学概论(第3版)[M].北京:北京大学出版社.

央视网.习近平在中共中央政治局第三十次集体学习时强调 加强和改进国际传播工作 展示真实立体全面的中国[EB/OL].(2021－06－01)[2024－03－01].http://news.cctv.com/2021/06/01/ARTIgVHXeyuBJzC7m7GjqLtl210601.shtml.

中华人民共和国教育部政府门户网站.国务院学位委员会 教育部关于印发《研究生教育学科专业目录(2022年)》《研究生教育学科专业目录管理办法》的通知[EB/OL].(2022－09－13)[2024－03－01].http://www.moe.gov.cn/srcsite/A22/moe_833/202209/t20220914_660828.html.

1.2　人工智能时代大学生国际传播能力框架研究

刘　军①

摘　要:国际传播是基于媒介的语言转换和文化对接,人工智能(AI)时代的国际传播呈现出全新的价值要求与生态特征。在此背景下,基

---

① 刘军,博士,副教授,上海出版印刷高等专科学校外语系,研究方向:英语教育、教育领导力、跨文化传播。

于能力、能力框架与国际传播能力的相关研究基础,本文通过文献研究、专家调查以及 AI 研究法的定性定量混合研究,构建了 AI 时代大学生 MeMIN 国际传播能力框架。这一框架明确了道德伦理素养、多语言能力、跨文化能力、新媒介素养四个能力维度(一级框架),确定了各能力维度和维度间交叉能力要素 14 条(二级框架),并从知识、技能、态度和价值观,完成了框架涉及的能力要素三维内涵界定,以使大学生更好地应对 AI 时代国际传播生态变化带来的机遇与挑战。

关键词: AI 国际传播生态;MeMIN 国际传播能力框架;能力维度;能力要素

　　党的二十大报告强调"坚守中华文化立场,提炼展示中华文明的精神标识和文化精髓,加快构建中国话语和中国叙事体系,讲好中国故事、传播好中国声音,展现可信、可爱、可敬的中国形象"。加强国际传播能力建设,促进对外文化交流和多层次文明对话,成为不断增强中华文明传播力影响力、提升国家文化软实力的重要途径,也是推进文化自信自强、加快建设社会主义文化强国的必然要求。国家是国际传播的基本主体,但不是唯一主体,个人在国家主体框架下进行的国际传播同样重要。从个体国际传播能力来看,大学生作为未来国际传播的主力军,其国际传播能力发展显得尤为重要。

　　传媒技术发展往往影响着国际传播格局,与国际传播能力建设相辅相成。自 1956 年"人工智能"(artificial intelligence, AI)被首次提出,其技术发展影响着国际传播格局,使国际传播生态迅速发生变化。2022 年底,对话语言模型 ChatGPT 不仅可以使用接近自然的语言进行人机对话,还可以完成原本需要由涉外人才进行的翻译或用英语撰写新闻报道、视频脚本、文化介绍等国际传播领域的工作任务。2024年初,文生视频大模型Sora生成的多模态内容,实现了对现实世界的理解和对世界的模拟两层能力,影视、短视频等相关行业都将迎来新一轮变革。这些变化对大学生国际传播能力发展提出了新的要求。在此背景下,构建大学生国际传播能力框架,成为有效应对这些挑战的基础。

1.2.1 AI时代的国际传播

1.2.1.1 国际传播及其研究发展

国际传播在人类历史上出现国家后即存在,是对传播媒介高度依赖的大众传播国际化过程(程曼丽,2006)。国际传播的演进与其研究发展相互交织、互为依托,是随着媒介技术发展而渐进的过程。

人类早期的国际传播基于文字的产生和造纸术的发明,之后印刷术的出现和发展进一步促进了文字载体在不同国家之间的流传,但这些国与国之间的信息传播因受到媒介的限制,以人际传播为主,传播范围十分有限,其发展也非常缓慢。国际传播的早期研究主要体现在文献中对早期国际传播活动的记载,例如不同国家间的经济文化交流、海洋文明的兴盛等。

17世纪报刊的出现,将信息传播的范围迅速扩大,满足了早期资本主义发展对信息的需求;直至第一次工业革命极大地促进了媒介技术的发展,报纸印刷效率提升;19世纪电子媒体开始成为国际传播的媒介,电报和电缆在传播中的应用为国际新闻采集和发布提供了基础,传播学开始作为独立的理论体系建立起来。

1948年,哈罗德·拉斯韦尔(Harold Lasswell)在《传播在社会中的结构与功能》一文中,以"模式"分析的方式对人类社会的传播活动进行了研究,最早提出了构成传播过程的五个基本要素,并按一定结构顺序将这些要素进行排列,形成了传播学领域被广泛应用的"5W模式"(或被称为"拉斯韦尔程式")。5W是英语中五个疑问代词的第一个字母,即 who(谁,"传播者")→ says what(说了什么,"信息")→ in which channel(通过什么渠道,"媒介")→ to whom(向谁说,"受众")→with what effect(有什么效果,"效果")。5W 以"媒介"为线,将传播过程分为媒介之前的编码和媒介之后的译码两部分,分别对应了传播学的五大研究内容,即控制分析、内容分析、媒介分析、受众分析、效果分析。5W 模式界定了传播学的研究范围和基本内容,突显了传播媒介在传播过程中的重要角色,其被广泛应用于传播学领域,也为现代国际传播研究奠定了坚实的基础。

20 世纪 70 年代开始,技术革命持续深化,不断涌现出生物工程、新材料、新能源、微电子技术等高新技术群。冷战结束后,世界格局多极化形成,世界经济一体化进程加速,第三次工业革命中的国际互联网发展使全球信息网络高速运转,信息传播越来越呈现出国际传播的特征。国际传播实践的快速发展,引起了诸多学者的关注,但从总体上看,国际传播理论研究相对滞后,系统性的研究成果不多见,而语言学和文化学一直是国际传播研究的传统学科领域(程曼丽,2006)。从语言学领域看,5W 模式中的传播信息需要在媒介之前被转换成具有一定表现形式的语言符号,而后受众再对语言符号进行译码;国际传播则需要在对信息初次编码的基础上进行二次编码,即在传播中实现语言的转换(翻译),这种特质使得国际传播中的语言能力发展得到重视。从文化学领域看,国际传播信息从编码到译码过程的表现形式是语言的转换,而言语方式只有被受众群体的"意念模式"和"思想体系"(Geertz,2003)认同时,对外传播的效果才得以彰显。即国际传播不仅要实现语言的转换,还需要完成不同文化间的对接,这使跨文化能力发展也在国际传播中颇受重视。然而,在国际传播研究的传统领域,对传播过程中重要的分界线"媒介"进行的研究较少涉及,技术发展、语言转换和文化对接相互间的影响和作用机制有待进一步探索。

在我国对外传播的历史上,曾力求以"自我陈述"为出发点,鲜少以"他者"视角进行叙事,话语体系和话语方式相对陈旧,很难得到外部世界的积极回应。实施改革开放政策后,我国加快了融入全球经济一体化的进程,开始关注人类共同话题,如环境保护、知识产权、公共卫生等;同时,我国在国际传播中开始注重体现人类未来发展理念和共同价值,开始与国际社会形成对接与广泛的同频共振。随着我国在世界经济一体化进程中发挥越来越重要的作用,国际媒体对我国的关注度越来越高,我们如何认识和遵循国际传播规律,并基于这些规律更好地传播中国声音、展现中国形象,成为我国学者关注的研究热点。然而,传播学的发展不同于传统学科的核心模式,子学科之间的链接模式结构呈现出不同专业均匀混合、专业化增长和更广泛的整合同时进行的趋势(Song et al.,2020)。跨学科的广泛整合更为复杂,这就对我国新时期国际传播的研究提出了更高要求。

1.2.1.2 AI时代国际传播的价值要求与生态特征

1. AI时代国际传播的价值要求

AI技术的不断进步和应用场景的不断拓展,正使其成为塑造国际传播新格局的关键力量,深刻影响着传播道德伦理、传播内容生产、传播媒介效率和传播效果,也在这些方面提出了国际传播中应秉持的价值要求。

(1)传播伦理的重要性

AI技术的发展和应用涉及诸多伦理道德问题,如隐私保护、算法偏见、人机关系等。因此,各国在推广AI技术时,均在充分考虑伦理道德因素,确保技术的应用符合人类共同价值观和道德准则。同时,国际社会也需要加强对话和合作,尝试共同应对数据安全挑战,促进伦理道德的全球共识。

(2)传播内容的真实性

在 AI 时代,国际传播的速度和广度都有机会得到极大提升,但大语言模型自动生成的多模态语言信息真伪难辨。这就使国际传播需要坚持真实性的价值要求,从而确保所传播的信息内容真实、准确、客观,加强控制分析和内容分析的研究,防止虚假信息的传播和扩散。

(3)传播过程的公正性

公正性是国际传播的重要价值要求之一。在 AI 时代,我们要确保信息传播的过程公正、公平、透明。这要求我们在使用人工智能技术进行国际传播时,要遵循公开、平等、竞争的原则,避免信息控制权的垄断和滥用。同时,我们也要关注国际传播的受众群体,确保信息能够覆盖到各个社会阶层和群体,避免信息传播的偏见和歧视。

(4)传播效果的普惠性

普惠性是国际传播的另一个重要价值要求。在 AI 时代,我们要确保信息传播的效果能够惠及广大人民群众,促进社会的和谐与进步。这要求我们在利用人工智能技术进行信息传播时,要注重信息内容的多样性和丰富性,满足不同受众群体的需求和兴趣。同时,我们也要关注信息传播的社会效果,积极传播正能量,推动社会进步和发展。

(5)传播媒介技术的安全性

在 AI 时代,传播技术的安全性是国际传播不可忽视的重要问题。我们要确保信息传播技术的稳定性和可靠性,防止技术故障和安全问题对信息传播造成负面影响。这要求我们在使用人工智能技术进行信息传播时,要加强技术研发和维护,提高系统的稳定性和安全性。同时,我们也要加强对信息安全的监管和管理,防止信息泄露和滥用。

　　2. AI 时代国际传播生态特征

　　国际传播生态是复杂而动态变化的系统,经历了大众传播时代、网络传播和社交传播时代,以 ChatGPT、Sora 为代表的 AI 传播构成了国际传播新生态(方兴东等,2024)。在新生态下,国际传播以 AI 技术平台为基础,通过数据、算法和算力等新要素,改变整个国际传播格局,在传播主体、传播内容、信息形态、媒介形态等均体现出新的特征。

　　(1)传播主体的社交化与多元化

　　一方面,AI 技术通过社交媒体平台实现信息的快速传播和互动反馈,进一步提升了国际传播"所有人对所有人传播"的传播效率,个人作为传播主体的社会化特征得以加强;另一方面,AI 技术的发展使得国际传播进入"万物皆媒、人机共生、算法推送"的智能时代,社交机器人作为新兴的传播主体,不仅在公共议题中扮演重要角色,还成为影响或干预公众选择的关键因素。这种变化使得国际传播生态由之前完全由人主导转变为"人机共生"。

　　(2)传播内容的智能化生产与个性化分发

　　AI 技术不仅催生了新的传播主体,还助力传播内容的生产与分发。自然语言处理、深度学习等技术手段减少了语言障碍,使跨语言传播的自动化和智能化得以实现,并使得内容采集更加高效、精准;机器写作则提高了生产效率,推动了内容编辑向"人机协同"的智能化模式转型;大数据和算法推荐则能够精准定位国际受众,实现个性化需求的精准传播。

　　(3)传播信息形态的创新与多元化

　　AI 技术突破传统的文字、图片传播形式,产生的多模态信息结构,如视频、音频、动画的结合,使得信息更加生动、直观;依托 AI 实现场景化和沉浸式的传播方式,通过 VR/AR 等技术,受众可以更加深入地感受信息背后的情境,增加信息的可感知性和可信度;具身性的互动传播则为国际传播开辟了新的道路,受众可以更为广泛地参与,增强了信息的传播效果和影响力。总之,AI 技术的创新应用不仅丰富了国际传播的表现手法,更为其提供了多元化路径和手段。

(4) 媒介形态的系统性与融合化

AI 技术与大众媒体、网络媒体、社交媒体的联动与协同是新时期国际传播秩序的基本运行机制(方兴东等,2024)。随着 AI 传播技术的发展,传统媒介与新媒体之间的界限日益模糊。ChatGPT 和 Sora 等技术的应用,使得文本、图片、音频和视频等媒体形态得以无缝融合,形成了全新的媒介生态。这种融合化的媒介形态可以为信息的传播提供更多的渠道和方式,也可以促进不同文化之间的交流和共生。

1.2.2 能力、能力框架与国际传播能力

1.2.2.1 能力与能力框架研究

1. 从能力到能力框架

对"能力"的研究起源于语言学家乔姆斯基 1969 年提出的句法理论,他认为"能力"是一种生成言语规则的认知系统,并进一步解释了能力与语言实际应用之间的差异。在随后的 20 年,"能力"被应用于语言学和管理学等理论发展和实践中。麦克莱兰(McClelland,1973)将"能力"界定为广义的"知识和技能",这就使其超出了语言学的范畴。1990 年开始,教育学领域有关"能力"的研究进入了蓬勃发展时期。

进入 21 世纪,一些国家、地区和国际非营利组织或经济体开始了对能力的体系化研究。根据欧盟(EU,2019)的界定,"能力"是知识(包括已确立的概念、事实、数据、观念和理论)、技能(将现

有知识付诸实施)和态度(性格和心态)的组合;经合组织(OECD,2018)也提出了类似的能力界定表述,认为"能力"是技能、知识、态度和价值观的三维综合体。多个国际组织开发了面向未来和可持续发展的核心能力框架体系(P21,2019;OECD,2018;WEF,2020;EU,2019等)。为了定义和系统化这些能力,研究人员和国际组织尝试建构能力框架,用于确定有希望在当今世界取得成功的能力体系(P21,2019),以适应"新常态"的未来(OECD,2018)、"新经济与社会"(WEF,2020)和终身学习(EU,2019)。

2. 能力框架研究的持续发展

自2010年,能力框架的体系研究进入新时期,多个国际组织的能力框架进入实践阶段(P21,2019;OECD,2018;WEF,2020;EU,2019等),并在国际教育界得到了广泛认可。随着研究的不断深入,一些国际组织基于实践,正式发布了白皮书或其他形式的出版物。

经合组织于2015年启动了"未来教育和技能2030"项目,组织全球的决策者、研究人员、学校领导、教师、学生和社会伙伴参与研发了能力框架"学习指南针2030"(OECD,2018),建构了学生可持续学习的基本技能、知识、态度和价值观,强调认知基础(识字和算术)、健康基础(身心健康和幸福)以及社会和情感基础(道德和伦理),并指出数字素养是计算能力核心能力的延伸。

世界经济论坛"教育4.0框架"(WEF,2020)也是国际公认的能力框架之一。该框架以适应未来产业需要的能力发展为目标,包括了为适应第四次工业革命进行高质量学习的八种能力界定,即全球公民素养、创新创造能力、科技素养、人际沟通能力、个性化和自定进度学习能力、无障碍和包容性学习能力、基于问题和协作的学习能力、终身和自觉学习能力。

欧盟组织专家、学校、教师和其他利益相关者共同努力,建构了"终身学习关键能力"框架(EU,2006,2019)。欧盟框架包括八项关键能力,即识字能力、多语言能力、数学和科技工程素养、数字素养、个人和社会学习能力、公民素养、创业能力、文化意识和文化表达能力。对每一种能力的内涵以及与之相关的基本知识、技能和态度进行了详细的阐述。

总体而言,这些能力框架均与全球和区域的发展生态以及地方教育目标保持一致,框架体现出精确性和系统性特征,为国际传播能力框架提供构建原则的参考。同时,这些框架包含了一些共性能力,如文化能力、全球公民素养、ICT 素养、问题解决能力、健康素养、媒介素养、主动性和创业精神等,这些能力结构及其三维阐释可以成为国际传播能力框架结构及其内涵界定的参考。此外,这些能力框架在建构中主要采用了调查研究法(包括问卷调查和小组讨论),参与对象主要涉及教育专家和行业合作伙伴等利益相关者(P21,2019;EU,2019;OECD,2018;WEF,2020),可以为国际传播能力框架的研究方法提供借鉴。

1.2.2.2 国际传播能力研究

教育部和中宣部在 2018 年发布的《关于提高高校新闻传播人才培养能力实施卓越新闻传播人才教育培养计划 2.0 的意见》提出:"培养造就一大批具有家国情怀、国际视野的高素质全媒化复合型专家型新闻传播后备人才。"在国际传播工作中,需要加快建设具有跨学科背景的国际传播队伍。积极拓展本学科与计算科学、数据科学等学科的交叉融合,培养既熟悉传播规律,也掌握传播规律的复合型人才,只有了解智能传播规律的人才才能有效开展国际传播工作。

陈国明(2005)提出的全球传播能力模式,包括全球思维能力、文化映射能力、互动协同和自我发展;顾卫星(2019)提出的中华文化英语传播能力包括认知能力和交际能力;杨华(2021)构建的外语数字化叙事能力框架,关注叙事结构、叙事话语和跨文化意识;文秋芳(2023)针对外语教育提出了国际传播的总体理论框架。此外,《强者通心:国家传播能力建设》(赵磊,2022)提到的多个理论也可以借鉴,尤其是传播学理论,如德国哲学家哈贝马斯的交往行为理论,强调有效传播沟通的四项基本规则:可领会性、真实性、真诚性和正当性。然而,目前学术界仍缺乏对国际传播能力框架的系统描述。

程曼丽(2006)认为国际传播需要在一般性编码、释码、译码基础上对信息二次处理,实现传播者与受众间基于媒介的语言转换和文化对接。据此,建构国际传播能力框架主要需要关注语言能力、文化能力和媒介素养的相关指标和内涵发展。目前,语言能力、跨文化能力和媒介素养被国际广泛认为是组成核心素养的主要能力(OECD,2018;EU,2019;P21,2019等)。

1. 语言能力

德国语言学家、教育家及外交家威廉·冯·洪堡特(Wilhelm von Humboldt)认为,每一种语言里都包含着一种独特的世界观。语言中凝结着无形的世界观和文化观,不同的世界观和文化观会通过语言展现出来,通过语言来构建意义和相互理解,因此语言在哲学中始终占据着崇高的地位(洪堡特,1836,1999)。目前,语言能力已经成为世界各国及国际组织广泛重视的核心素养框架的主要组成部分(OECD,2018;EU,2019;P21,2019;WEF,2020等)。

在语言学领域,语言能力被认为是动态的认知活动(刘建达,韩宝成,2018),更为关注交际能力发展。"语言交际能力"由海姆斯(Hymes,1972)提出,他认为需要重视语境的作用。20世纪90年代开始,巴克曼等(Bachman et al.,1995)建构了交际语言能力模型,包括语言能力(语法能力、成段话语能力、言语施为能力、社会语言学能力等)、策略能力(四组元认知策略)和心理生理运动机制(视觉、听觉、肌肉神经技能)。国内学者立足中国国情,以该模型为基础,研制并发布了中国英语能力等级量表(刘建达,吴莎,2018),认为语言能力是语言学习者和使用者运用自己的语言知识、非语言知识以及各种策略,参与特定情境下某一话题的语言活动时表现出的语言理解能力和表达能力,并尝试与欧洲语言共同参考框架及雅思、托福等国际英语测试有效互动,呈现出关注语用能力、语言功能和语言认知的发展趋势。

2. 文化能力

对文化和人类社会的关注使越来越多的学者开始研究文化能力,其也是国际普遍纳入核心素养框架的主要组成部分之一(OECD,2018;EU,2019;P21,2019;WEF,2020 等),尤其是对跨文化能力的研究越来越受到关注。

20 世纪 50 年代,人类学家爱德华·霍尔(Edward Hall)创立了跨文化交际学,目前跨文化交际学已发展成为语言学、人类学、心理学、传播学、社会学、哲学、文化学等多学科交叉学科。我国自 20 世纪 80 年代初起,以胡文仲教授为代表的学者们开始跨文化交际学的研究,并于近年开始结合认知语言学和语用学、语篇学研究文化交际中的语言和文化认知活动。

对跨文化交际能力研究开始于概念界定,一直以语言交际能力为核心。学界认为其界定带有主观性,定义具有文化导向性(Arasaratnam & Doerfel,2005),但也普遍认为影响跨文化能力的因素包含:情感因素(情绪或态度)、认知因素(意识)、行为因素(技能)。态度指个人理解和领悟文化差异的能力;意识是理解文化对思想、行为和互动产生影响的能力;而技能则通过有效交流、跨文化互动得以反映(Kim,1991;Ting-Toomey,1993)。

3. 媒介素养

媒介技术是媒介素养研究的"第一生产力",并直接映射到其研究内容中(陈奕,钟瑛,2022)。陈等(Chen,2011)认为,纸媒时期的研究内容主要围绕"经典素养"展开,重点研究相应的阅读、理解和书写能力;以广播电视等为主的电子媒体时期则主要研究"视听素养";互联网和新媒介时期,集中探讨新技术条件下的受众"新媒介素养"提升,即如何使其成为理性的信息接收者和成熟的媒介使用者。

目前,学界普遍认可的新媒介素养框架主要有:亨利·詹金斯(Henry Jenkins,2006)提出的12项核心技能,包括青少年的个性、社会和文化模式、线上和线下群体互动、学习方式、媒介消费和创新行为等一系列文化能力和社会技能;林子彬等在分析前人对媒介素养和新媒介素养能力框架研究的基础上,提出新媒介素养可分为功能消费型、功能产消型、批判消费型、批判产消型四类素养,每类分别包含理解、分析、综合、评估、生产等10个具体的能力要素;雷尼和韦尔曼(Rainie&Wellman,2012)认为,新媒介素养包括图像处理能力、导航能力、信息组织和联通能力、专注力、多任务处理能力、怀疑精神和道德素养。

1.2.3 研究设计

1.2.3.1 研究问题

基于国际普遍认可的能力框架构成和内涵界定,本研究主要解决的问题包括:

第一,AI时代大学生国际传播能力由哪些能力维度构成(一级能力框架)?

第二,AI时代大学生国际传播能力每个能力维度包括哪些能力要素(二级能力框架)?

第三，AI 时代大学生国际传播能力所包括的能力要素内涵如何界定？

1.2.3.2　研究方法

本研究采用定量与定性相结合的混合研究法，涉及多种研究方法的应用，主要包括文献研究法、专家调查法（Delphi study）和 AI 研究法，秉承基于文献、专家导向、数智辅助的原则，体现"人机协同"的创新研究方法。

1. 文献研究法

文献研究法隶属于方法论，不仅涉及对学术文献的检索、阅读和分析，也是深入理解和解释已有知识体系的重要手段。文献研究法在学术界一直存在着定位与争议的问题。国际知名社会学家巴比（Babbie，2015）将文献研究归入非介入性研究，包括第二手分析、内容分析和现存统计资料分析三类。随着研究的深入和方法的演进，越来越多的学者开始认识到文献研究法的独特性和重要性。我国有学者提出，文献研究法不仅是一种研究方式，更代表了实证主义的研究范畴，它通过收集和分析现存的文献资料，揭示事物的内在规律，具有不可替代的价值（武建鑫，魏丽娜，2024）。

根据武建鑫和魏丽娜（2024）的梳理分析，文献研究法的应用涉及多个方面：一是研究者需要明确研究目的和问题，从而确定文献检索的范围和策略；二是在文献收集过程中，要注意文献的真实性、可信度、代表性和意义性，确保所收集文献的质量和价值；三是研究者需要对收集到的文献进行系统的整理和分析，具体的分析方法包括文献综述、内容分析、话语分析、文本分析和文献计量等，以提取关键信息和观点。文献研究法可以采用文献综述独立完成课题研究或作为辅助性研究方法；还有研究者提出了技术支持的文献研究法，利用现代技术处理海量文献，快速把握已有研究的基本情况，认为研究者可以通过使用专门的文献管理软件、数据库检索工具和计量分析软件等辅助工具,提高文献研究的效率和准确性。

本研究在应用文献研究法时,首先从政府、机构和国际组织的官网选择官方发布的最新版文件或白皮书(EU,2019;OECD,2018;P21,2019;WEF,2020;教育部,2020),挑选近五年(含)公开出版的相关学术专著,从中外重要学术论文数据库(主要包括CSSCI,SSCI,Web of Science,Science Director 等)搜索近五年(含)发表的相关学术论文,关注这些文件、白皮书和论文中有关语言能力、文化能力、媒介素养及其他可能相关的能力框架;对这些能力框架中涉及的能力维度和能力要素进行梳理编码(表1-1-1),并基于文本分析进行界定。

表1-1-1 能力维度和能力要素文献分析

一级编码 (能力维度)	文献来源	二级编码 (能力要素)
1. 语言能力	EU (2019);OECD (2018); P21 (2019);WEF (2020); 教育部(2020);刘建达 和吴莎(2018);杨华 (2021);文秋芳(2023); 崔琳琳(2023)	1-A 语言交际能力 1-B 语言策略能力 1-C 叙事能力 1-D 跨文化理解能力 1-E 受众意识 1-F 国际视野能力
2. 文化能力	EU (2019);OECD (2018); P21 (2019);WEF (2020); 教育部(2020);文秋芳 (2023)	2-A 文化敏感性 2-B 文化意识能力 2-C 文化适应性 2-D 文化冲突解决能力 2-E 区域国别知识 2-F 跨文化转换能力 2-G 文化自觉与自信 2-H 跨文化交际策略 2-I 国际视野能力

续　表

一级编码 （能力维度）	文献来源	二级编码 （能力要素）
3. 媒介素养	EU（2019）；OECD（2018）；P21（2019）；杨华（2021）	3-A 信息组织和联通能力 3-B 信息识别与选择能力 3-C 媒体内容分析与评价能力 3-D 媒体内容创作与传播能力 3-E 媒体道德与伦理 3-F 数字素养 3-G 媒体创编工具应用能力
4. 其他可能相关的能力		
4.1　思维能力	EU（2019）；P21（2019）；WEF（2020）；教育部（2020）；文秋芳（2023）	4.1-A 逻辑思维能力 4.1-B 思辨能力 4.1-C 系统思维能力 4.1-D 创新思维能力 4.1-E 战略思维能力
4.2　领导力	P21（2019）；WEF（2020）	4.2-A 跨文化领导力 4.2-B 跨文化项目管理能力 4.2-C 团队协作能力
4.3　创新与解决问题能力	OECD（2018）；EU（2019）；P21（2019）；WEF（2020）	4.3-A 适应性问题解决能力 4.3-B 信息环境中问题解决能力 4.3-C 创新实践能力
4.4　跨学科能力	P21（2019）；WEF（2020）	4.4-A 知识和方法整合能力 4.4-B 复杂问题的解决能力 4.4-C 系统分析能力

2. 专家调查法

专家调查法，又称德尔菲法，是通过多轮问卷调查和专家反馈，以达成群体共识的预测和决策方法。其核心在于通过匿名的方式，让不同背景的专家在多轮讨论中逐步缩小意见分歧，最终达成对某一问题或现象的共识，尤其适用于处理不确定性高、信息不完整的复杂问题(Landeta，2006；Rieckmann，2012)。

经过 CiteSpace 分析，里克曼(Rieckmann，2012)刊发的《面向未来的高等教育：应通过大学教学培养哪些关键能力?》在"核心能力"研究论文中较多被提及，在热文中列于首位(Burst 1)。该研究采用专家调查法，邀请教育可持续发展领域的专家参与调查，并严格控制专家来源(分属两个北半球国家和三个南半球国家)。通过两轮问卷调查，识别和定义了高等教育在未来人才培养方面应侧重培养的关键能力，专家调查法在其中的应用为本研究提供了借鉴。

本研究的实证设计邀请来自语言文化和传播领域的七名专家，进行两轮问卷调查和一轮访谈。本研究对"专家"的界定为：一是本学科领域或传媒行业的高级专业人士；二是公开发表或出版过国际传播及其能力发展相关的成果，含学术成果(如专著、论文等)和行业成果(如省级以上报刊的报道、行业白皮书等)，参与专家的相关情况如表 1-1-2 所示。

表 1-1-2　参加研究的专家情况

编　号	专业领域或方向	来　源	地　域
I	外语教学	高校	华东
II	语言智能与技术	高校	华北
III	语言与文化	高校	华西

续　表

编　号	专业领域或方向	来　源	地　域
IV	跨文化交际	高校	华北
V	跨文化传播	高校	华南
VI	网络新闻与媒体创新	高校	华东
VII	传媒行业	企业	华东

研究开始前,各位专家收到邮件确认参与意向,邮件解释了研究背景、AI时代国际传播生态特征和能力框架的基本构成,并明确了研究目标。专家间彼此匿名,从而消除了占主导地位的专家对其他研究参与者可能产生的影响。为确保研究协商一致过程的动态性与科学性,参加第一轮问卷调查是继续参与之后两轮研究的先决条件。每轮专家调查持续两周,在开始一周后对未提交反馈的专家发出提醒信息。

第一轮调查质询通过回答在线问卷进行,问卷主要采用Likert量表,对基于文献分析的能力维度从“1＝非常不同意”到“5＝非常同意”进行选项设计,问卷最后设有一项开放问答题,对列入的能力维度进行评议;经数据分析后,形成AI时代大学生国际传播能力的一级能力框架。

第二轮调查质询则基于上一轮专家问卷调查的结果,鼓励根据小组其他成员的回答修改他们之前的回答,进一步对各能力维度的构成要素进行Likert量表调查,每一项均有开放问答题进行评议和建议,经过数据分析后,形成二级能力框架。在这个过程中,能力框架的范围逐渐确定,从而达成共识。

第三轮调查质询为基于文献综述材料的在线访谈:一是了解专家对AI发展对国际传播能力构成的影响;二是对构成能力框架

的要素从"知识""技能"和"态度和价值观"进行三维内涵界定,访谈内容转化成逐字文本记录。

3. AI 研究法

作为一种新兴的研究方法,AI 研究法是利用 AI 技术进行科学研究的方法论体系。这种方法结合了计算机科学、数学、控制论、语言学等多学科的理论,旨在通过模拟人类的智能行为,实现机器对知识的获取、表达、推理、学习等功能,从而解决复杂的科学问题。

许家金等(2024)结合各类大语言模型应用于研究的案例,从外语教学研究的视角对 AI 研究应用做了归纳和分析,主要包括:文献阅读与评述,用于文献查询、观点提炼、同类文献汇总;量化数据采集与分析,包括语料收集与标注、问卷设计与分析、句法语义分析、数据的可视化;质性数据采集与分析,有访谈材料处理(主要是访谈提纲设计和扎根理论分析)、话语分析标注(叙事结构标注、言语行为标注等)、教学研究材料标注(论证模型标注、教材文化标注等)等。随着算法的升级和优化,并与搜索引擎协同,AI 研究应用必将进一步提高研究效率和精准度,为得出研究结论提供更为科学的依据。

本研究主要应用 AI 研究法进行数据分析:一是对文献进行阅读、评述与观点提炼分析;二是对问卷数据进行验证分析;三是对访谈数据进行扎根理论分析;四是对数据分析后形成的框架文本进行可视化分析。

1.2.3.3 研究思路

本研究以问题为导向,试图解决 AI 时代大学生国际传播能力维度及其包含的要素构成,以及这些要素的内涵界定等问题,总体研究思路如图 1-1-1 所示。

为解决研究问题,主要采用定性和定量的混合式研究,研究内

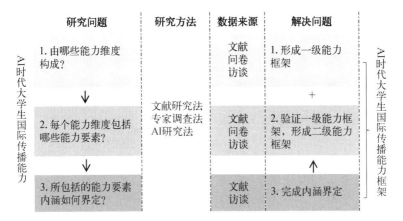

图 1-1-1 研究思路总体设计

容从以下几方面展开。

能力维度构成：形成国际传播能力的一级框架,例如可能包括的语言能力、文化能力、媒介素养及其他相关能力等维度。

每个能力维度包括的能力要素：形成国际传播能力的二级框架,如语言能力可能包括的语言交际能力、语言策略能力、叙事能力、跨文化理解能力等;文化能力可能包括的文化敏感性、文化意识能力、文化适应性、文化冲突解决能力等;媒介素养可能包括的信息组织和联通能力、信息识别与选择能力、媒体内容分析与评价能力、媒体内容创作与传播能力等要素;其他相关能力维度的构成要素基于第一轮调查结果,按照文献研究分析,进一步确定。

能力要素内涵的界定：对每个能力要素,从能力结构的三个维度界定其具体含义和表现形式,以便教育教学中应用评估和培养。

在研究方法上,采用文献研究法、专家调查法和 AI 研究法,同时结合数据来源包括文献、问卷和访谈。数据分析阶段采用 AI 分析法,包括对文献进行阅读、评述与观点提炼分析,对问卷数据进行均值分析,对访谈数据进行扎根理论分析,并对数据分析后形成的框架文本进行可视化分析。

最终解决问题,形成一级能力框架、验证一级能力框架并形成二级能力框架,完成内涵界定。

1.2.4 国际传播能力框架

1.2.4.1 能力框架构成

经过三轮专家调查数据收集,在 AI 辅助下分析数据后,AI 时代大学生"MeMIN 国际传播能力框架"建构如图 1-1-2 所示。该框架形似转动的传动构件,颜色深浅的不同代表了不同的能力

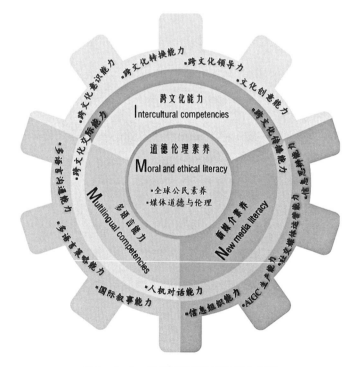

图 1-1-2 MeMIN 国际传播能力框架

维度,每个能力维度包括各种能力要素,这些要素协同作用,共同构成 AI 时代大学生国际传播能力框架的有机整体。

1. 能力维度(一级框架)

根据第一轮专家的问卷反馈,AI 时代国际传播新生态发展对大学生国际传播能力发展提出了更高要求,道德伦理素养应作为重要能力维度,且基于表 1-1-1 一级编码 1~3 所设定的语言能力、文化能力、媒介素养需要进一步体现精准性和时代性,而一级编码 4 可结合融入相关能力要素。依据专家达成的共识,一级框架包括相互关联和支撑的四个能力维度,具体如下。

(1)道德伦理素养(Moral and ethical literacy)

AI 时代国际传播生态的社交化、多元化、个性化分发等特征对大学生的道德伦理素养提出了更高的要求。道德伦理素养是专家一致认为需要列出并突显的重要能力维度,为 MeMIN 国际传播能力框架的核心能力部分,是保障 AI 时代国际传播质量的基础,也是其他国际传播能力维度发展的基本遵循。

(2)多语言能力(Multilingual competencies)

多语言能力隶属于语言能力,为 MeMIN 国际传播能力框架的基础能力组成部分,也是框架中其他能力维度的重要显性表征。大多数专家(I, III, IV, V, VII)认为,多语言能力是实现国际传播的基本工具之一,大学生作为国际传播个体,应具备在不同语言之间切换的能力,并适应不同语言的社会语境。因此,与语言能力相比较而言,多语言能力更能准确体现国际传播生态要求。

(3)跨文化能力(Intercultural competencies)

跨文化能力属于文化能力,是 MeMIN 国际传播能力框架的关键能力组成部分,与框架中其他能力维度相互促进。专家们一致认为,只有具备了跨文化能力,大学生才能具备国际传播遵循的道德伦理素养,也才能更好地理解不同文化背景下的国际受众需求和信息传播规律。因此,将"文化能力"优化为"跨文化能力"可以更准确地体现国际传播的基础和前提。

（4）新媒介素养（New media literacy）

新媒介素养是媒介素养在新时代的持续发展和拓展,是MeMIN 国际传播能力框架的重要能力组成部分,受框架中其他能力维度影响,也为这些能力发展赋能。有专家（V,VI）提出,与传统媒介素养相比,新媒介素养包括了正确使用新媒体获取、分析、评估信息和新媒体内容生产等能力,以及新媒体平台运营能力,因而更能体现 AI 时代国际传播生态的要求,该提议获得了所有专家的认可。

2. 能力要素（二级框架）

根据专家第二轮反馈,MeMIN 国际传播能力框架的二级框架包括各维度能力要素和维度间交叉能力要素。其中,前者为四个能力维度下包括的能力要素。

（1）道德伦理素养维度包含的能力要素

① 全球公民素养：全球公民素养是国际视野、全球意识、可持续发展理念等因素形成的综合要素,主要包括表 1 - 1 - 1 中 1 - F、2 - E、4. 4 - B、4. 4 - C。

② 媒体道德与伦理：媒体道德与伦理主要是大学生在国际传播中要具备并实践的媒体道德和传播伦理,是对表 1 - 1 - 1 中 3 - E 重要性的强化和属性优化。

（2）多语言能力维度包含的能力要素

① 多语言沟通能力：多语言沟通能力是多语言能力中最基本的能力要素,体现在国际传播语境中为尊重语言多样性,运用两种及以上语言的知识和技能实现有效沟通,主要包括表 1 - 1 - 1 中 1 - A、1 - D、1 - F、2 - E。

② 多语言策略能力：多语言策略能力是适应 AI 时代国际传

播生态特征的重要能力要素,体现多语言知识和传播方法的整合,从而实现多模态信息在场景化、沉浸式、具身性的互动与传播,主要是表1-1-1中1-B的具化,也包括1-E、4.3-A、4.1-D、4.4-A等要素的构成元素。

③ 国际叙事能力:国际叙事能力是多语言能力中对多语言知识、技能、策略等因素的综合体现,是影响国际传播效果的重要能力要素,也是表1-1-1中1-C在国际传播语境中的演进和具化,还包括1-B、1-F、2-H、2-E、3-D等要素。

(3) 跨文化能力维度包括的能力要素

① 跨文化意识能力:跨文化意识能力是跨文化能力的基本要素之一,是实现国际传播的基础及其影响力提升的重要能力要素,也是表1-1-1中文化能力的二级要素,还综合了2-C、2-D、2-E、2-G、4.3-A等要素。

② 跨文化转换能力:跨文化转换能力也是跨文化能力的基本要素之一,是国际传播内容信息转换中涉及运用多学科、多种文化知识的综合能力,同属于表1-1-1中文化能力的二级要素,还融合了2-C、2-E、2-G、3-A、4.1-D、4.4-B等。

③ 跨文化领导力:跨文化领导力是在跨越不同文化背景的团队或组织中,有效管理和领导成员的能力,是AI时代意见领袖必须具备的能力要素,也是跨文化能力的综合要素之一。该要素属于表1-1-1领导力维度,并综合体现了2-A、2-C、2-D、2-H、2-I、4.1-C、4.1-D、4.1-E、4.2-B、4.2-C等要素内涵。

④ 文化创意能力:文化创意能力是大学生跨文化能力中的新兴要素,也是在AI时代文创产业发展中实现国际传播的关键驱动力和综合能力,主要包括表1-1-1中2-A、2-B、2-C、2-G、2-I、4.1-D、4.4-A等。

（4）新媒介素养维度包括的能力要素

① 信息组织能力：信息组织能力是 AI 时代大学生新媒介素养的基本能力要素之一，侧重使用智媒工具进行多模态信息组织管理的能力，主要包括表 1-1-1 中 3-A、3-B、3-G、4.1-D、4.3-B、4.4-A、4.4-B、4.4-C。

② AIGC 生产能力：AIGC 生产能力也是 AI 时代大学生新媒介素养的基本能力要素之一，注重应用智媒工具进行多模态国际传播内容生产的能力，主要包括表 1-1-1 中 2-I、3-D、3-G、4.1-D、4.3-A、4.3-B、4.4-A、4.4-B、4.4-C。

③ 社交媒体运营能力：社交媒体运营能力是 AI 时代大学生新媒介素养的综合能力要素之一，通过国际社交媒体内容创建与分发、用户洞察与互动、策略规划与执行、数据监测与分析以及合规性与风险管理等，进行有效的国际传播。该要素主要包括表 1-1-1 中 3-A、3-B、3-C、3-D、3-G、4.2-A、4.3-A、4.4-A、4.4-B、4.4-C。

④ 信息思辨能力：信息思辨能力是组成 AI 时代大学生新媒介素养的必要能力要素和综合能力要素之一，要求具备深度理解能力、批判性分析能力、逻辑推理能力、多元视角思考、信息整合与创新思维等多方面的能力，主要包括表 1-1-1 中 3-B、3-E、4.1-A、4.1-B、4.1-C、4.1-D、4.4-C。

（5）MeMIN 国际传播能力框架的维度间交叉能力要素

这是两个能力维度交叉融合而成的要素，主要有三项。

① 跨文化交际能力：跨文化交际能力属于多语言能力与跨文化能力下的交叉要素，强调的是交际双方在同一种语言和文化背景下的有效沟通和交流，侧重个体在不同文化背景下的交际能力和适应能力，主要包括表 1-1-1 中 1-D、1-E、1-F、2-B、2-E、2-H。

② 人机对话能力：人机对话能力为多语言能力与新媒介素养下的交叉要素，注重人与 AI 等智媒新技术通过对话协同解决问题的能力，主要包括表 1-1-1 中 1-A、1-B、3-A、3-B、3-F、4.3-B、4.3-C、4.4-B、4.4-C。

③ 跨文化传播能力：跨文化传播能力为跨文化能力与新媒介素养下的交叉要素，与跨文化交际能力相比，跨文化传播能力更侧重于个人在不同文化间的信息传播和社会交流能力，主要包括表 1-1-1 中 2-B、2-E、2-G、3-C、3-D、3-G。

1.2.4.2　能力框架内涵界定

结合专家前两轮问卷开放问答信息和访谈内容文本分析，MeMIN 国际传播能力框架各维度的能力要素内涵界定如下。

1. 道德伦理素养

作为未来国际传播的重要参与者，大学生需在传播过程中倡导社会主义核心价值观，坚守道德伦理原则，并具备全球视野和责任感，关注全球可持续发展，其能力要素具体阐释如下。

（1）全球公民素养

知识：熟悉国际法规和国际准则，理解全球可持续发展理念，按区域国别了解社会、文化、经济等方面的基本概念和基础知识，包括国际组织、全球性问题等。

技能：能应用所学知识分析国际问题，参与全球公民行动和活动，促进国际理解与合作。

态度和价值观：具有全球视野和民族情怀，秉承全球可持续发展的责任感，具备开放包容的态度，尊重多元文化，基于系统观解决全球问题，致力于推动构建人类命运共同体。

（2）媒体道德与伦理

知识：掌握媒体道德准则和传播伦理规范，理解在国际传播过程中应遵守的基本原则，了解不同文化背景下的媒体伦理差异。

技能：能遵循媒体道德准则和传播伦理规范进行国际传播实践，具备智媒环境下的隐私保护等技能，妥善处理媒体与公众、媒体与政府等关系。

态度和价值观：倡导社会主义核心价值观，对待智媒环境下的隐私保护等问题持谨慎和负责任的态度，坚守传媒职业道德，促进智媒健康发展。

2. 多语言能力

多语言能力要求大学生能运用两种及以上语言，使用一定的语言策略和叙事规则，进行国际传播中的跨语言沟通，其能力要素具体阐释如下。

（1）多语言沟通能力

知识：掌握两种及以上语言的语音、词汇、语篇和语用基本知识，了解不同语言的使用习惯。

技能：能运用所学语言知识基本完成口头或书面跨语言沟通，掌握在日常交流、学术研讨和国际合作等跨语言语境中听、说、读、写、译的基本技能，并能妥善处理多语言沟通中的误解。

态度和价值观：尊重不同语言的使用习惯，愿意通过多语言沟通促进交流与理解，并在沟通中寻求共识和合作。

（2）多语言策略能力

知识：了解不同语言在国际传播中的应用场景和策略，理解不同语境下的语言使用规范和礼仪，掌握语言传播的基本规律和方法。

技能：能根据不同传播目的和受众，选择和灵活运用不同语言知识和语言传播方法进行沟通，提高国际传播效果。

态度和价值观：具有灵活应变的态度和创新思维，能应对 AI 时代国际传播中的挑战和变化，愿意不断学习和提升语言策略能力。

（3）国际叙事能力

知识：了解国际叙事的基本理论和技巧，熟悉不同区域国别的叙事习惯、风格和特征。

技能：能运用所学知识构建具有国际影响力的叙事框架和故事情节，以多语言、跨文化视角进行叙事创作，有效地传达不同文化的故事，提高国际传播的感染力。

态度和价值观：具有人文关怀和国际视野，关注全球问题和人类命运，尊重并包容不同文化的叙事方式，愿意通过叙事促进国际交流与理解。

3. 跨文化能力

跨文化能力要求大学生在国际传播中具备跨文化意识，完成跨文化信息转换、跨文化团队管理、文化创意表达和生产，以适应不同文化情境进行有效传播，其能力要素具体阐释如下。

（1）跨文化意识能力

知识：了解区域国别基础知识，理解不同文化的基本特征和差异，掌握跨文化传播的基本理论和技巧。

技能：能识别不同文化的行为规范和价值观，能在跨文化环境中适应和融入，避免文化冲突和误解。

态度和价值观：具备文化自觉与自信，秉承开放包容的态度，愿意尊重不同文化的独特性和多样性。

（2）跨文化转换能力

知识：掌握跨文化转换的基本方法和技巧，了解不同文化背景下的信息转换规律。

技能：能在跨文化环境中及时调整组织和表达信息的方式，进行有效的跨文化双向互动，提高信息传播的准确性和效率。

态度和价值观：具备文化自觉与自信，具有灵活变通的态度和创新精神，愿意在跨文化转换中寻求最佳解决方案。

（3）跨文化领导力

知识：了解跨文化领导力的基本理论和实践经验，掌握跨文化团队管理和协作的方法。

技能：能组建和管理跨文化团队，具有成为跨文化意见领袖的能力，有策略地协调不同文化背景下的成员关系和相互间的沟通，推动团队目标的实现。

态度和价值观：具备全球视野、战略眼光、团队协作、尊重多元文化的态度，愿意通过领导力促进跨文化团队的协作与创新。

（4）文化创意能力

知识：了解文化创意产业的基本知识和国际发展趋势，理解不同文化下的创意表达方式和审美标准，掌握文化创意的基本方法和技巧。

技能：能以跨文化视角进行创意表达，结合不同文化元素进行创意内容生产，提高文创产品的创新性和国际竞争力。

态度和价值观：具备文化自觉与自信，具有国际视野、创新思维和创业精神，具备开放包容的创意态度，愿意通过创意促进国际交流与文化创新。

4. 新媒介素养

新媒介素养要求大学生了解国际新兴媒介的特点、使用方法和运营技巧，能熟练使用 AI 等新技术进行信息组织、内容生产，对信息进行思辨分析，其能力要素具体阐释如下。

（1）信息组织能力

知识：了解新媒体传播的基本原理和信息组织的方法，熟悉不同媒介平台的信息呈现方式，掌握信息检索、筛选和整合的基础知识。

技能：能运用所学知识对信息进行有效组织和管理，使用合适工具获取信息，进行信息编辑、整理和呈现，形成多模态产品，提高信息组织效率和准确性。

态度和价值观：保持对新技术的探索精神，尊重原创，避免信息误导和谣言传播，愿意通过信息组织促进有效国际传播和理解。

（2）AIGC 生产能力

知识：了解 AIGC 的基本原理、基础知识和应用场景，熟悉 AIGC 在国际传播领域的应用和趋势。

技能：能运用 AIGC 生产具有创新性和独特性的多模态内容，并能分析和挖掘 AIGC 产品潜在价值和发展趋势，提高国际传播效率和质量。

态度和价值观：保持对 AIGC 生产的开放包容态度，树立正确的创新观，具备科技创新和智媒传播的探索精神，愿意通过 AI 工具促进国际传播效果的提升。

（3）社交媒体运营能力

知识：了解国际社交媒体的特点、用户需求和运营模式，熟悉社交媒体的传播规律和技巧。

技能：能熟练运用社交媒体工具进行发布内容、互动评论、管理粉丝等，运用数据分析工具对社交媒体运营效果进行评估和优化。

态度和价值观：推进对人类命运共同体的了解和认同，遵守社交媒体平台的规则和道德准则，愿意通过社交媒体促进国际用户参与和互动。

（4）信息思辨能力

知识：具备信息鉴别的知识基础，了解信息思辨的基本理论和技巧，掌握信息分析和评价的方法。

技能：能深入理解信息的本质、来源、目的和潜在含义，运用批判性思维识别信息偏见和误导，采用逻辑推理和归纳演绎等方法，对信息进行整合和重构，形成独立见解。

态度和价值观：具备道德与伦理意识，具有批判性思维，愿意倡导真实可信的信息传播。

5. 交叉能力

AI 时代大学生的国际传播能力不局限于单一能力维度属性，而是需要具备跨学科、跨文化的综合能力要素。MeMIN 国际传播框架中，三个能力维度的交叉能力要素具体阐释如下。

（1）跨文化交际能力

知识：了解区域国别的基础知识，理解跨文化交际的内涵和基本特征，熟悉跨文化交际的实用技巧。

技能：能理解和解释跨文化信息内容，使用适当的言语和身势语进行有效的沟通和交际，促进文化间交流，解决跨文化交际中的问题。

态度和价值观：具备国际视野和开放包容的交际态度，愿意学习和借鉴不同文化的优秀元素，并通过交际促进文化认同和共生。

（2）人机对话能力知识

知识：了解 AI 的基本原理和应用场景，熟悉人机对话的基本流程和技巧。

技能：能运用自然语言处理技术与 AI 系统进行有效对话，掌握提示语写作技能，获取所需信息或完成特定任务；能理解和解释 AI 系统的输出结果，优化对话过程。

态度和价值观：审慎保持对 AI 的开放信任态度，愿意探索人机对话在国际传播领域的应用。

（3）跨文化传播能力

知识：了解跨文化传播的基本理论和实践经验，熟悉不同国家和地区的传播环境和受众特点。

技能：能以跨文化视角运用传播策略和方法，将本土文化有效地传播到其他国家或地区，并能理解和借鉴其他文化传播经验，熟练使用新媒介技术,提升本土文化的国际影响力。

态度和价值观:具备包容、尊重不同文化的传播态度,保持对国际传播的责任感、使命感,愿意推动本土文化的国际传播和跨文化传播的创新发展。

1.2.5　结语

在全球化大背景下,国际传播不仅是信息的传递,更是文化、价值观、理念的交流与碰撞。随着 AI 技术的不断发展和普及,国际传播领域正面临着前所未有的机遇与挑战,培养国际传播人才显得尤为重要。作为未来国际传播的中坚力量,当代大学生不仅要掌握扎实的多语言能力,更要加强道德伦理素养的培养,还要具备跨文化能力和新媒介素养。同时,随着新媒体的兴起和媒介技术的不断创新,国际传播的方式和手段正发生着深刻变革,这就要求我们不仅要关注传统媒介的作用,还要积极探索新媒体在国际传播中的应用和价值,构建全媒体传播格局。此外,面对 AI 技术的快速发展,我们还要关注其对国际传播带来的潜在影响和挑战,在保障信息安全的前提下,实现 AI 技术在国际传播中的广泛应用和深度融合。

AI 时代的国际传播能力研究需要创新思维和方法,以应对全球化背景下的国际传播机遇与挑战。同时,我们也需要加强国际交流与合作,共同推动国际传播事业的繁荣发展。本研究通过对 AI 时代大学生国际传播能力框架的分析,明确了四个能力维度及其细分要素,并探讨了它们之间的结构关系。构建的 AI 时代国际传播能力框架,可以为大学生及其相关从业者提供明确的能力培养方向,也可以为国际传播及其能力研究的深入发展提供支撑。随着 AI 技术的不断发展,大学生国际传播能力框架也需要不断完善和更新,以适应新的时代发展需求。

参考文献

威廉·冯·洪堡特,2017. 论人类语言结构的差异及其对人类精神发展的影响[M].姚小平,译. 北京：商务印书馆.

蔡基纲,2023. 论国际传播能力的培养：话语能力与翻译能力[J]. 中国大学教学（1-2）：19-24.

陈怡,吴长伟,2015. 国际传播能力研究：国家与媒体案例集[M]. 合肥：安徽大学出版社.

陈奕,钟瑛,2022. 新媒介素养研究的变迁、热点和趋势[J]. 现代传播(5)：161-168.

程曼丽,2006. 国际传播学教程[M]. 北京：北京大学出版社.

崔琳琳，2023. 大学生中华文化传播能力的受众意识培养研究[J]. 外语教育研究前沿(4)：27-33.

方兴东,何可,谢永琪,2024. Sora 冲击波与国际传播新秩序：智能传播下国际传播新生态、新逻辑和新趋势[J]. 对外传播(4)：14-18+80.

顾卫星,2019. 中华文化英语传播能力培养研究:内涵、路径、实践:以"中国特色文化英语教学"为例[J]. 山东外语教学(4)：47-56.

教育部高等学校大学外语教学指导委员会[教育部],2020. 大学英语教学指南(2020 版)[M]. 北京：高等教育出版社.

李海英，Graesser，A. C.，Gobert，J,2017. 具身在人工智能导师系统中隐身何处？[J]. 华南师范大学学报(社会科学版)(2)：79-91.

刘建达，韩宝成,2018. 面向运用的中国英语能力等级量表建设的理论基础[J]. 现代外语,41(1)：78-90.

刘建达,吴莎,2019. 中国英语能力等级量表研究[M]. 北京：高等教育出版社.

刘扬,高春梅,2018. 利用人工智能加强国际传播能力建设的三个维度[J]. 对外传播(10)：14-16.

文秋芳,2023. 外语教育新目标：培养大学生中华文化传播能力[R]. 第七届全国高等学校外语教育改革与发展高端论坛,北京.

武建鑫,魏丽娜,2024. 超越研究方法的束缚：作为一种研究方式的文献研究[J]. 学位与研究生教育(2)：12-20.

许家金,赵冲,孙铭辰,2024. 大语言模型的外语教学与研究应用[M]. 北京：外语教学与研究出版社.

杨华,2021. 大学生外语数字化叙事能力的理论与实践研究：课程思政的新探索[J],外语教育研究前沿(4)：10-17.

赵磊,2022. 强者通心:国家传播能力建设[M]. 北京:国家行政学院出版社.

ARASARATNAM L A,DOERFEL M L,2005. Intercultural communication competence:Identifying key components from multicultural relations [J]. International Journal of Intercultural Relations,29:137-163.

BABBIE E,2015. The Basics of Social Research. 7th ed. [M]. CENGAGE Learning Custom Publishing.

BACHMAN L F,DAVIDSON F,RYAN K C I,1995. Investigation into the comparability of two tests of English as a Foreign language [M]. Cambridge:Cambridge University Press.

BYRAM M,2020. Teaching and Assessing Intercultural Communicative Competence. Clevedon,UK:Multilingual Matters.

CHEN D,WU J,WANG Y M,2011. Unpacking New Media Literacy [J]. Journal on Systemics,Cybernetics and Informatics,(9):84-88.

CHEN Guo-Ming,2005. A model of global communication competence [J]. China Media Research,(1):3-11.

EUROPEAN UNION [EU],2019. Key Competences for Lifelong Learning [EB/OL]. Luxembourg:Publications Office of the European Union: https://data. europa. eu/doi/10. 2766/291008.

GEERTZ C,2003. The Interpretation of Cultures [M]. New York:Basic Books.

JENKINS H,2006. Convergence Culture:Where Old and New Media Collide[M]. New York:New York University Press.

KIM Y Y,1991. Intercultural Communication Competence:A Systems-Theoretic View[C]. In Ting-Toomey,S and Korzenny,R (eds.), Cross-Cultural Interpersonal Communication,Newbury Park,CA: Sage.

LANDETA J,2006. Current validity of the Delphi method in social sciences [J]. Technological Forecasting & Social Change,73 (5):467-482.

LASSWELL H,1948. The Structure and Function of Communication in Society[C],in L. Bryson (ed.),The Communication of Ideas,New York:Harper.

LIU J,2022. Supporting Leadership Factors for the Mastery of Core Competencies for College English Learners in Application-Oriented

Universities in Shanghai: A Pilot Study [J] . English Language Teaching, 15(6): 39 - 56.

Organisation for Economic Co-operation and Development [OECD] , 2018. The Future of Education and Skills: Education 2030-The future we want [M] . OECD Publishing.

Partnership for 21st Century Skills [P21] . Framework for 21st Century Learning Definitions [EB/OL] . (2019 - 12 - 09)[2022 - 02 - 08] . http://static. battelleforkids. org/documents/p21/P21 _ Framework _ DefinitionsBFK. pdf.

RAINIE H, WELLMAN B, 2012. Networked: The New Social Operating System[M] . MIT Press, Cambridge.

RIECKMANN M, 2012. Future-oriented higher education: Which key competencies should be fostered through university teaching and learning? [J] . Futures, 44 (2): 127 - 135.

SONG H, EBERL J M, EISELE O , 2020. Less fragmented than we thought? Toward clarification of a subdisciplinary linkage in communication science, 2010 - 2019 [J] . Journal of Communication, 70(3): 310 - 334.

World Economic Forum [WEF] . Schools of the Future: Defining New Models of Education for the Fourth Industrial Revolution [EB/OL] . (2020 - 01 - 14)[2021 - 10 - 29] . https://www. weforum. org/publications/ schools-of-the-future-defining-new-models-of-education-for-the-fourth-industrial-revolution.

2 新时代语言服务研究

2.1 未来已来：语言服务演变与新时代使命

董 冰[①]

摘 要： 本文从语言服务的起源和定义出发，讨论了语言服务的发展与现状。此外，本文还结合数智赋能时代的大背景以及中国现有语言服务的成功实践，总结出新时代语言服务具有质量和效率提升；语言服务领域拓展，多元化和个性化增强；服务模式呈现多模态化；服务需求转型，人机互动增强等特点，并在此基础上提出语言服务在新时代的机遇与挑战，即认识并使用好工具、强调"人"在人工智能时代的主导地位、探索新型语言服务人才的培养框架、注重开发高质量及多元化语言数据以及深入开展具有中国特色的语言服务，以期语言服务能在服务国家战略，促进社会发展；加强汉语国际传播，扩展多元化服务；保护语言文化资源传承，维护文化多样性发展等方面发挥更大的作用。

关键词： 数智赋能时代；语言服务；特点与使命

2.1.1 语言服务的起源与定义

作为跨文化和跨语言交流的服务活动，语言服务（language service）古已有之，其在古代的商贸谈判、文化交流、宗教传播等方面发挥了重要作用。然而"语言服务"的概念最早出现于 20 世纪 90 年代，在早期并没有完整和系统的定义（王立非，2021）。

---

① 董冰，博士，讲师，上海出版印刷高等专科学校外语系，研究方向：实验语音学、外语教学。

国际知名语言服务咨询公司卡门森斯（Common Sense Advisory, CSA）于2019年发布的报告将语言服务业划分为语言服务、语言科技和非语言相关服务三类。其中，语言服务主要指提供书面文字翻译、口语翻译服务和其他本地化或媒体服务：书面文字翻译包括传统书面翻译、转译和对机器翻译进行再编辑；口语翻译则包括现场、会议、电话、视频、远程同步翻译等。语言科技包括翻译管理、交付平台等系统，以及用于翻译环境、术语管理、翻译质量评估和检查、信息提取等软件。非语言相关服务指提供特定服务或满足客户需求的服务类型，包括提供产品技术解决方案、人员培训等。

改革开放40多年来，中国社会和经济经历了翻天覆地的变化，取得了举世瞩目的成就。随着中国实力和国际影响力的增强，语言服务的重要作用开始得到国内学界的关注。中国翻译协会、中国翻译行业发展战略研究院（2017）发布的《2016中国语言服务行业发展报告》将语言服务定义为：以语言能力为核心，以促进跨语言、跨文化交流为目标，提供语际信息转化服务和产品，以及相关研究咨询、技术研发、工具应用、资产管理、教育培训等专业化服务的现代服务业。王立非（2020）认为语言服务是以跨语言能力为核心，以信息转化、知识转移、文化传播、语言培训为目标，为高新科技、国际经贸、涉外法律、国际传播、政府事务、外语培训等领域提供语言翻译、技术研发、工具应用、资产管理、营销贸易、投资并购、研究咨询、培训与考试等专业化服务的现代服务业。袁军（2014）也认为语言服务以帮助人们解决语际信息交流中出现的语言障碍为宗旨，通过提供直接的语言信息转换服务及产品，或者是提供有助于转换语言信息的技术、工具、知识、技能等，协助人们完成语言信息的转换处理。以上几种定义关注语言服务"跨语言、跨文化交流"的目标，强调语言服务国际性的一面。从该角度讲，以语言翻译(包括口译和笔译)、外语广播电视以及其他多媒体宣传等为代表的,被大众熟知的语言服务在社会经济、文化和教育等方面都已起到了积极的促进作用,并在各种国家大事件中扮演了重要支持角色:通过 2008 年北京奥运会、2010 年上海世博会、2016 年 G20 杭州峰会、2022 年北京冬奥会等重要事件,世界进一步认识中国、了解中国、读懂中国。这些大型国际性活动吸引了来自全球各地的参与者和观众,因此多语种的语言服务成了确保活动顺利进行和增进文化交流的重要保障。例如,为了服务来自不同国家的运动员、教练员、记者和观众,北京奥运会和冬奥会都提供了包括英语、法语、西班牙语、德语、日语、韩语等在内的多语种翻译服务;除此之外,大量的志愿者接受了语言培训,以提供现场的语言咨询和帮助。除了人工语言服务,大会还对公共区域和场馆内的标识牌进行多语标识,方便使用不同语言的人群获取信息。

除了"国际性、跨文化"这一特点,还有不少学者从语言服务的本质出发,对语言服务的体系、内容和服务宗旨进行了定义。李宇明(2016)认为语言服务是利用语言(包括文字)、语言知识、语言技术及语言的所有衍生品来满足语言生活的各种需要。该观点将语言服务看作一种服务体系,涉及四个基本环节:语言服务提供者、语言服务内容、语言服务方式和语言服务接受者。该定义从广义上探讨了语言服务的本质和内容,将语言服务的"跨语言、跨文化"的范围扩展到了包括语言文化之间以及语言文化内部群体的交流服务,比如语言教育、语言礼仪服务、网络客服等。在语言服务的理论探究方面,屈哨兵(2007)认为,从学科类属上看,语言服务可以归入应用语言学,同时和语用学联系密切;其范围既涉及语言教育、语言规划,也和广义的社会语言学及语言信息处理、计算语言学等有着天然的联系。此外,语言服务可以从语言本体要素角度分为文字、语音、词汇、语法等不同板块,每一个板块都可以独立地与语言服务发生关联,如多语翻译、汉字输入法的设计推广、客服人员语音培训、普通话与汉语各方言之间的词汇对比库等,这些内容可以从国际、国家、族际、方言/社区、家庭/个体五个层面提供语言服务。当然,在语言服务业中,目前发展较快、受关注最多、社会效益最显著的当属翻译产业(王传英,2014;王立非,2020)。

2.1.2　语言服务的发展

2.1.2.1　全球语言服务业的发展

全球化时代国际交流频繁,这也使得语言服务在跨文化交流中的作用愈发凸显。在信息科技发展突飞猛进的大环境下,语言服务业在全球范围内发展迅速,并形成了价值巨大的经济市场。

根据 CSA 提供的数据,2013 年全球共有来自 154 个国家及地区的 27 668 家语言服务企业,当年语言服务业总产值预计为 347.8 亿美元。该数据在之后的几年稳定增长,在 2018 年增长到 465.2 亿美元,并在 2022 年达到 520.1 亿美元,10 年间(相较于 2013 年)增长了近 50%。与此同时,数据显示世界不同市场语言服务的份额占比上整体也比较平稳(CSA,2013;CSA,2022)。根据联合国标准,世界市场按照地区划分为欧洲、北美洲、亚太地区、拉丁美洲与加勒比地区、非洲五大区域。近十几年(2009—2022 年)的数据显示(图 1-2-1),欧洲以及北美地区一直在全球语言服务市场份额中占据明显优势,亚太地区在全球语言服务的市场份额有了一定的增长,但占比依然在 10% 左右,其他两个区域(拉丁美洲与加勒比地区和非洲)份额占比非常有限。这种份额格局形成的背后,有各区域间经济、技术发展差异的因素,也有政府不同程度的需求和支持带来的影响。在语言服务类别方面,张慧玉等(2023)根据历年行业报告指出,世界语言服务行业收入来源中 90% 以上的收入来自语言服务,其占据绝对优势。

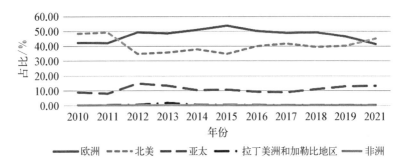

图 1-2-1 2010—2021 年各区域全球语言服务市场份额变化

（引自张慧玉,2023）

随着大数据、云计算与人工智能技术的整合和发展,语言服务的效率和质量得到了大幅度提高。2013 年 4 月,有 65 个国家和地区参展的德国汉诺威工业博览会提出了"工业 4.0"的概念,自此人类正在进入以人工智能、机器人技术、虚拟现实、量子信息技术等技术为突破口,以数字智能为标志的第四次工业革命时期(李宇明,2023)。

语言智能是人工智能的重要领域。2016 年 9 月,谷歌发布了基于神经网络的翻译系统(GNMT),并宣布其可在控制误差内对多个主要语言对(language pair)进行有效翻译。之后,Facebook 的 Fairseq,OpenNMT,谷歌的 Transformer 模型等基于神经网络的机器翻译系统也应势而生。这些翻译模型都是以大量语料库训练为基础,采用深度学习技术,实现高质量的翻译输出。从任务过程来看,语言服务中的翻译是从源语文本到目标文本的生成性过程。在神经网络模型中,生成性意味着系统能够利用预训练数据集和输入文本创造性生成新的文本,而不是简单地对源语文本进行映射和替换,提高了翻译文本的创造性和多样性,更加适合实际应用(王华树等,2023)。除了翻译领域,语言智能在数字时代人机交互、人机共生等方面也得到了广泛应用。

2.1.2.2　中国语言服务业的发展

中国改革开放 40 多年来,随着全球经济一体化的持续推进,不同国家、地区间的经济、文化交流日益频繁,语言服务市场需求随之激增,进而催生了语言服务行业的快速发展。此间,我国语言服务行业经历了萌芽、初具规模、稳步发展、快速上升等几个阶段。

中国的语言服务行业萌芽于 20 世纪 80 年代,初步形成于 90 年代。1978 年之前,翻译团体大多集中在政府和企事业内部;改革开放后,市场对翻译服务需求增多,语言服务逐步转向社会化、市场化,服务内容以翻译为主。进入 21 世纪后,全球化和服务外包行业的发展极大地促进了语言服务市场的繁荣,中国语言服务行业迎来了快速发展期(何恩培等,2019)。"2010 中国国际语言服务行业大会暨大型国际活动语言服务研讨会"上,首次公布了来自政府部分的语言服务业统计数据,即 2009 年语言服务企业所提供的仅翻译和本地化业务年产值就达到人民币 120 亿元(约 17.1 亿美元)以上,约占全球外包语言服务市场产值的 7%(郭晓勇,2010)。

随着人工智能、大数据、云计算等技术的快速发展,中国的语言服务领域也取得了显著的技术创新成果。例如,机器翻译、语音识别、自然语言处理等技术在语言服务中得到了广泛应用,大大提高了语言服务的效率和质量,语言服务逐渐成为中国走向世界,与世界交流互动的重要基础设施,百度、阿里巴巴、科大讯飞、腾讯等产业巨头开始进入传统翻译领域,跨界竞争开启了行业变革。截至 2022 年 12 月 31 日,国家市场监督管理总局企业注册信息数据库显示,国内企业经营范围包含翻译及语言服务业务的有 581 913 家,相较 2021 年底增加 158 366 家;以翻译及语言服务为主营业务的企业为 10 592 家,相较 2021 年底增加 936 家;以翻译及语言服务为主营业务的企业全年总产值为人民币 650.1 亿元(约 92.9 亿美元)。在省域分布方面,各省区市均分布有翻译及语言服务企业,主要集中在北京(27.75%)、上海(16.98%)、广东(9.79%)等地,北上广城市的企业聚集效应依旧明显,北京仍是翻译及语言服务企业数量最多的地区,北上广三地的翻译及语言服务企业总量依然超过全国半数(中国翻译协会,2023)。网络在线翻译系统方面,百度翻译于 2015 年 5 月上线首个互联网神经网络翻译系统。之后,许多互联网巨头纷纷加入,推出了许多机器翻译软件,为用户提供高质量的翻译服务,如有道翻译、阿里云翻译、讯飞翻译、咪咕灵犀、小米翻译、腾讯翻译君等。

2.1.3　数智赋能时代语言服务的特点

2016 年 3 月,谷歌围棋人工智能机器人"阿尔法狗"打败了韩国棋手李世石,这一年也让人工智能真正进入大众视野。进入 21 世纪 20 年代,人工智能(AI)、神经网络翻译技术的更新迭代给语言服务业带来了颠覆性的改变。世界著名人工智能研究公司 OpenAI 全新的 AI 语言模型 ChatGPT 在 2023 年一经发布,仅两个月的时间,月活用户突破 1 亿,成为史上增长最快的"现象级"应用。在中国,现有的人工智能大模型主要有文心一言(百度文心大模型)、豆包(字节云雀大模型)、讯飞星火(星火认知大模型)、盘古(华为大模型)、通义千问(阿里通义大模型)等。这些智能模型都具备较强的搜索能力和上下文理解能力,能够满足多元化的需求。2024 年上半年,OpenAI 发布更加强大的世界模拟器 Sora 以及支持多语言、多模态的智能模型 ChatGPT 4.o。虽然现阶段发布的 Sora 主要是人工智能文生视频大模型,但是它的诞生对语言学习、语言释义、语言障碍辅助等语言服务将产生巨大影响。OpenAI 首席执行官萨姆·奥尔特曼(Sam Altman)称人工智能将"像手机一样"改变世界,彻底颠覆教育、医疗和科学研究等领域;

将成为人类建设未来的强大工具,赋予我们表达创造性想象力和意志的能力。

显然,在当今数智赋能的时代背景下,技术革命的速度和影响程度对语言服务领域产生了深远影响。该时代的语言服务主要有以下四个特点。

2.1.3.1 语言服务质量和效率提升

机器翻译、语音识别、自然语言处理等技术的不断进步,使得语言服务更加高效、准确和便捷,甚至可以实现即时性服务。以神经网络翻译系统为代表的翻译技术提升了翻译的精确性和流畅度,增强了机器的语义获取和上下文语境理解能力。这些技术的应用不仅提高了语言服务的效率,还降低了时间和劳动力成本,使得更多的人和企业能够享受到高质量的语言服务,比如,智能客服、语音导航等新的商业和服务模式不断涌现。

2.1.3.2 语言服务领域拓展,多元化和个性化增强

较为典型的语言产业业态包括语言培训、语言出版、语言翻译、语言文字信息处理、语言艺术、语言创意、语言康复、语言会展、语言能力测评等(李艳,2020)。数智赋能时代为语言服务产业形态不断发展提供了硬件和软件的双重支持,推动语言服务向多元化和个性化的方向发展。在硬件方面,随着计算能力的提升和数据存储的扩大,语言服务工具可以处理更大规模的数据,实现更快速、更准确的翻译和解析。这为语言服务提供了更强大的基础设施支持,使其能够更好地满足多样化的需求。在软件方面,人工智能技术的不断进步为语言服务提供了更多的可能性,不仅提高了语言服务的质量和效率,还使得语言服务能够更加个性化,满足不同用户的需求和爱好。

此外,数智赋能时代还推动了语言服务与医学、法律、科技、军事等领域的融合创新。例如,语言服务可以与教育、医疗、旅游等

领域相结合,进行跨领域的合作创新,不仅可以拓展语言服务的应用场景,还可以推动相关产业的发展和进步。很多人可能已经发现,在国内许多城市的著名景点、博物馆、大型展览馆等场所,游客可以扫描二维码标识,通过手机或者其他智能设备获取景点、文物或者展品的文字、图片、语音或视频讲解信息。此类旅游语言服务可以帮助游客更好地了解景点或展品的历史、文化和风景等相关知识,游客也可以根据需求和兴趣选择性地获取讲解内容。这种低成本、高便捷、个性化的旅游服务可以增强游客在旅游中的幸福感并提升体验感受。同时,很多景区及博物馆还可以提供以英语为主的多语种服务,满足来自不同国家和地区游客的需求。

2.1.3.3　语言服务模式变更,呈现多模态化特点

语言服务的多模态化是指利用多种模态的信息传递方式,来提供更丰富、更直观、更生动的语言服务。这里的模态包括文本、音频、视频、图像等。

由于数字媒体的广泛应用,网络和社交媒体上存在大量多模态数据。随着人工智能技术的发展,多模态的语言服务也越来越多地出现在人们的日常生活中。比如,在智能客服领域,除了传统的文本聊天,现在还可以通过语音、视频等方式与用户进行交互,加强服务的便捷性和高效性。在机器翻译领域,多模态翻译也逐渐兴起,其通过结合文本、图像、语音等多种信息,能实现更准确、更自然的翻译效果;深度学习、多语言模型等人工智能技术也已经在社交平台中的音、视频多模态数据自动翻译中得到了广泛应用。再如,作为一种新型的多模态技术,VR (virtural reality)通过使用多模态感知和交互设备,融合了视觉、听觉、触觉等多种模态的信息,使用户能够身临其境地沉浸在虚拟环境中。未来的语言服务业可以借助 VR 的帮助,在教育、医疗以及旅游等行业提供更真实生动并且个性化的方案。

2.1.3.4 语言服务需求转型,人机互动增强

语言服务全过程由计算机和人共同参与配合,具有"人机耦合"的特征(刘庆峰,2018)。语言服务中的人机耦合也可以理解为"人机共生",指的是在语言处理过程中,人类和机器之间的高度协作和融合,以实现更高效、更精准的语言理解和生成。未来语言服务多模态和个性化的特点势必要求语言服务从传统的由人进行的语言服务转向更多的人机互动,从而充分发挥人类和机器各自的优势,共同完成复杂的语言任务。在人机共生的语言服务中,机器通过先进的自然语言处理技术,如深度学习、机器学习等,对大量的语言数据进行分析和处理,提取出有用的信息。而人类则利用自己的语言知识和经验,对机器处理的结果进行验证、修改、总结和补充。这种人机协同的工作方式,可以大大提高语言服务的准确性和效率,当然也对语言人才的复合型技能提出了一定的要求。比如,传统的译员需要凭借自身过硬的专业素质和丰富经验进行翻译,神经网络模型的出现则逐步改变了人工译员和机器之间的单向使用关系,译员能够使用自然语言与翻译工具进行互动,机器则可以根据译员的反馈对输出内容进行自动优化。比如,随着科大讯飞等基于自然语言处理和人工智能的口译服务平台的出现,译员可以借助服务平台的帮助,共同完成口译任务,极大地提高了口译的效率和准确性,也降低了译员的工作强度和记忆负荷。

总结以上数智赋能时代中语言服务的新特点,我们可以看到,新技术的出现为语言服务提供了广阔的发展前景和创新机会,同时也带来了新的挑战。

2.1.4 新时代使命:机遇与挑战

数智赋能时代语言服务的特点对于语言服务业以及相关人才提出了新的需求和挑战。人工智能作为效率高、操作性强的现代

工具,可以为新时代语言服务带来变革和助力,在翻译、语言本地化、自然语言处理、语言学习与教育、语音识别与合成等方面将发挥重要作用。面临机遇与挑战,新时代的语言服务业要以开放的态度拥抱技术发展带来的红利,同时也要理性认识并平衡好技术和人之间的关系。

为了更好地适应并完成新时代的使命,数智赋能时代的语言服务需要在以下五个方面下功夫。

2.1.4.1 认识大数据模型等工具的特点,用好工具为语言服务赋能

基于深度学习的方法以及大规模语言数据的预训练模型实现了高效的自然语言处理,并节省了大量的人工校对时间和精力,具有巨大潜能,特别是在语言学、语言产业、国家语言战略与政策等方面的发展上,具有重要意义。预训练语言模型(pre-trained language models)可以通过合理使用大规模文本数据和面向特定任务的小规模语言数据集,优化模型效率和准确度,使得研究者能够专注于特定的任务,同时降低自然语言处理系统的研制难度,从而加快自然语言处理研究创新的步伐(冯志伟等,2023)。

在语言学研究方面,人工智能可以提供大量的多模态数据作为语言学研究的丰富素材来深入探讨语言规律、语言演化及多样性,并可以利用人工智能的多语言处理能力进行跨语言研究。此外,计算语言学等方向的研究也可以借助自然语言处理技术进行进一步精准量化,对于语音、词汇、语法、语义等语言学各层面的发展进行合理总结和预测。

在语言产业方面,人工智能可以带来创新产品和服务、产业升级和转型以及产业拓展。例如,在教育领域,人工智能可以为语言教学者以及学习者提供个性化的教学与学习资源;在医疗领域,人工智能可以帮助医生与患者进行沟通,提高医疗质量等。传统的

语言服务逐渐向智能化、自动化方向发展,这要求语言产业从业者需要以积极的态度客观地对待新兴技术的发展,不断提升自己的技能和知识,以适应新的市场需求和发展趋势。

在国家语言战略与政策影响方面,人工智能的应用可以提升国家语言能力,例如大型多语语料库、数据平台的建设,各类与民族文化相关的电子资料库建设等。此外,通过人工智能技术,国家可以更加精准地了解和掌握语言资源的分布和需求情况,从而优化语言资源的配置和使用效率;更重要的是,以大规模、高质量数据为基础的人工智能模型,为语言政策的制定提供了数据支持和决策依据,进一步助力语言决策层制定更加科学、合理的语言政策,推动语言产业的发展和国家语言能力的提升。

2.1.4.2 理性看待技术革新,强调"人"在人工智能时代的主导地位

技术革新无疑为语言服务业带来了前所未有的机遇,在拥抱人工智能的同时,我们也需要保持清醒的头脑,明确技术的本质和界限。

以语言学研究为例。袁毓林(2024)提出在人工智能时代,语言学家与 ChatGPT 等大模型协作的三种模式:嵌入(embedding)模式、副驾驶(copilot)模式以及智能体(agent)模式。袁毓林指出,嵌入模式指语言学家通过跟 ChatGPT 等大模型交谈,使用提示词语来设定具体目标,让人工智能系统协助我们完成研究或教学工作中的某一项或几项任务;然后,语言学家自主地结束工作。在这种模式下,语言学家对模型返回的数据进行检查,看其是否符合要求;也可以指出不足,提出更加明确的提示,要求机器重写。此时,ChatGPT 等大模型充当执行指令和完成特定任务的工具,语言学家则充当任务设计者和指挥者的角色。在副驾驶模式中,语言学家跟 ChatGPT 等大模型形成伙伴关系,共同参与到研究工

作的流程中,从提出研究计划、收集相关例句、总结有关规律,到编撰论文提纲、写作论文的有关段落,都是人机协同,并且让人机各自发挥自己的作用。同时,语言学家和机器各自处理不同的语料并总结规律,最后由语言学家修改并做出总结等。在这种模式下,ChatGPT 等大模型和语言学家优势互补,相互配合,并且语言学家是主导者,机器是合作者。在智能体模式下,语言学家提供目标和必要的资源(比如,特定的文献和语料、比较明确的观点、结论或立场评价上的倾向性),让 ChatGPT 等大模型独立完成某项任务,由语言学家监督进程和评估最终结果。在这种模式下,ChatGPT 等大模型充分体现出智能体的互动性、自主性和适应性的特点,接近于独立的行动者和代理人;而语言学家则充当执行任务的监督者和验收结果的评估者。

由此可以看出,人工智能作为一种高级技术工具,无论它多么"智能",也只是完成指令的工具,它背后依靠的是大规模的数据支持,而不具备创造、提问和发布命令的能力。根据情景做出综合判断,向人工智能提出问题和发布指令的始终是掌握人工智能技术的人。智能工具的设计和应用应当始终服务于人类社会的整体利益和发展。在人工智能时代,我们更应当珍视和发扬人的创造力、批判性决策力、管理统筹能力和独立思考能力,确保技术成为推动社会进步的辅助力量,而不是主导者。人工智能技术出现和发展的目的始终是为"助人",而非做"主人"。

2.1.4.3　新时代背景下,探索新型语言服务人才的培养框架

前文提到新时代语言服务的特点之一是语言服务需求转型,即需要更多的具备人工智能语言工具使用能力、协作沟通能力以及后期综合处理能力的高素质复合型语言人才。

根据时代特点和行业要求,新型语言服务人才的能力培养除了注重本专业的知识,还应具备以下三个主要特点。第一,掌握人

工智能语言工具的使用方法和技巧,提高语言服务的能力。比如在翻译行业,新型语言服务人才需要熟悉各类翻译软件、自然语言处理工具、机器翻译后编辑(MTPE)工具等,并具备根据具体项目需求选择合适工具的能力;同时,他们还需要了解这些工具的工作原理和局限性,以便在必要时进行人工干预和调整。第二,语言服务人员还应具备产品后期综合处理的能力,即对语言服务产品的质量把控、用户需求的反馈以及语言资源的管理能力等。语言服务不仅仅是简单的翻译或本地化工作,更是一个涉及多个环节和多个利益相关者的复杂过程。因此,新型语言服务人才需要了解并及时更新行业标准和客户要求,具备对语言服务产品质量的把控能力,及时收集和处理用户的反馈意见,不断优化产品和服务。第三,人工智能时代,语言服务人才的人文素养(包括文化素养、职业精神、人文关怀等因素)也尤为重要。新型语言服务人才需要具备良好的文化素养和职业精神,提供高质量的专业服务,同时也关注客户的需求和体验,提供人性化的服务。此外,团队协作精神也是必不可少的。语言服务项目往往涉及多个领域和多种语言,需要团队成员之间的密切协作和有效沟通,具备良好的协作沟通能力和团队协作精神,能够完成涉及多领域、多语言的复杂语言服务任务。总之,机器可以在一定程度上替代人类完成一些重复性、计算性和标准化的工作,但具有人文素养,是语言服务人才有别于智能工具的高级特质,也是真正的高级智能。

为了顺应时代需求,数智赋能时代的人才培养在培养目标、教学内容、教学方法、评估方式等方面应有所创新。以外语学科人才为例,胡杰辉等(2020)梳理了我国大学外语教育信息化70年的理论嬗变与发展特点,认为现阶段的中国外语教育已经进入信息技术和外语教育深度融合阶段,并向基于"人工智能+外语教育"的智慧外语学习模式迈进。传统的外语专业和翻译专业培养方案主要从外国语言文学专业课程角度出发，设置相应的专业必修课和选修课，将与信息科技相关的大学计算机课程列为公共课。随着人工智能、大数据等现代信息技术的发展，社会对外语类语言服务人才（如口笔译、专业英语人才、外贸人才等）的要求将进一步提高。

首先，对"学科＋专业"的专业翻译人才需求持续增大，懂法律/医学/对外宣传/机械制造等一门或多门学科知识的"1＋外语"或"n＋外语"翻译人才更加能够适合时代发展的需求。

其次，从事语言服务行业的翻译人才还需要跟进行业发展趋势，注重实践学习，积极更新自身信息技术水平，这样才能充分利用现有的高质量语料库、语音文字处理软件、翻译软件等智能工具来提供更好更高效的语言服务。此外，针对翻译软件输出文本中不精准的部分，还需要翻译人员学会使用相关质量检查工具（如Checkmate、Memsource、MemoQ 等）进行译后编辑，识别机译错误并修改，并在最后对译文质量进行人工把关。此外，张成智等（2023）还提到了搜商，即搜索商数这个概念，认为搜索意识、搜索内容、搜索资源、搜索方法和信息甄别能力五大元素构成的译员搜商是翻译能力的重要组成部分，因此也是学生译员学习期间需要重点提高的能力。

最后，语言服务人员要提升自我认知和自身文化素养，培养对新兴技术开放、包容的态度和终身学习的理念，同时也需要保持清醒的头脑，理解大数据模型背后运行的逻辑和原理。这样不但可以有效利用工具，还可以在关键时刻不受到工具的约束和限制，做出正确、客观、人性化的判断，做工具的主人。

2.1.4.4　数据为王的时代，重视开发高质量、多元化语言数据

在数据为王的时代，数据是驱动人工智能许多领域发展的关键要素。李宇明等（2022）将语言数据定义为"以语言符号体系为

基础构成的各种数据",并从"超语"的视角将语言数据细分为五类:语言学科数据(linguistic data)、话语数据(discourse data)、语言衍生数据(language derived data)、人工语言数据(artificial language data)以及语言代码数据(language code data)。数据,包括语言数据,已成为新科技发展的关键要素和现代经济的生产要素(李宇明,2023)。高质量的语言数据对于构建准确、高效和可靠的模型至关重要。与一般语言模型相比,大模型的训练语料规模巨大,参数急剧膨胀。GPT‐3的参数规模达到1750亿,GPT‐4已突破万亿,悟道2.0和SwitchTransformer则达到了惊人的1.75万亿和1.6万亿。如果数据在质量和数量上不达标,模拟器的语言产出也就无法令人满意(饶高琦等,2023)。因此,作为具有时代特色的新型生产要素,语言数据的生产、加工、使用和交易等都应该有标准体系的规范约束做保证,来确保其健康可持续发展。

语言大模型的数据主要来自互联网,如书籍、报刊、学术论文、词典以及其他网络数据库,但是语言大模型对语言数据的数量要求巨大。据预测,网络上的高质量数据可能25年内就会被用尽,低质量数据在40年内也将枯竭。如果没有新的数据来源,没有新的算法出现,语言大模型到那时也就会停下前进的脚步(饶高琦,2019;李宇明,2023)。

语言数据的数量是有效模型生成的基础。大规模的数据集可以提供丰富的语言模式和上下文信息,使人工智能模型能够更好地学习和理解语言的复杂性。充足的数据量可以帮助模型捕捉到更多的细节和规律,从而提高其预测和生成的能力。此外,语言数据的质量同样至关重要。高质量的数据意味着数据具体准确、可靠、一致、有代表性等特点。这样的数据可以提供清晰、准确的信号,帮助模型建立正确的语言模型,并减少数据噪声和误导信息的干扰,从而提高模型的性能。因此,在语言数据创建过程中,需要根据具体任务和具体场景选择数据集,并对数据收集、筛选、标注过程严格把控。语言数据的数量和质量共同决定了人工智能大模型的表现和语言产品的最终质量,因此,在实际操作中,两者需要进行综合考虑,维持一定的平衡关系。此外,良好的语言数据管理还需要建立健全的相关法律法规和标准体系,保证语言数据从创建到交易使用整个过程的高效运行。

全球的语言数据量是一个动态变化的过程,受到政治环境、经济发展、人口分布、科技能力等因素的影响。在当今世界,英语是全球使用最广泛的语言之一,而汉语则是使用人数最多的语言之一。从这个角度讲,世界上使用人数最多的汉语在语言数据收集上有天然的优势,可以成为中国在人工智能领域未来得以快速发展的重要保障。新时代的中国语言服务人才和语言研究人员有义务和责任在汉语数据库的建构上做出努力,以填补重要数据缺口。

在语言数据类型方面,目前的汉语语言数据主要是来自互联网的正规语言,如书籍、报刊、学术论文、网络百科(如维基百科等);内容主要以通用用途语言为主,比较缺乏专门领域、特殊人群、特殊场景、非通用语种等"特域数据"(李宇明,2023)。未来的大规模汉语语言数据库可以进一步丰富数据在类型和内容上的多样性。在语言类型方面,除了官方的普通话数据,方言以及少数民族语言等非通用语种数据也应该纳入收录范围;除了文字数据,还可以创建语音数据库,用于完成语音识别、合成等任务。中国是一个多民族国家,在全国范围内形成了普通话和汉语方言、少数民族语言"共存共用"的局面。中国主要分为七大方言区,包括北方方言、吴方言、粤方言、闽方言、客家方言、湘方言和赣方言(袁家骅,2001),每个方言区都有其独特的语言特点和历史文化背景。除此之外,中国 55 个少数民族共有 100 多种民族语言,主要分属汉藏语系、阿尔泰语系、南亚语系、南岛语系、印欧语系五大语系。大量方言和少数民族语言的存在丰富了中国的语言文化多样性,为汉语乃至世界的语言学研究提供了重要的研究语料。因此,汉语方言和少数民族语言数据库的建设不但可以保护和传承中国文化,还可以丰富语言数据类型的多样性。

在语言内容方面,可以多关注"中国特色"以及"特殊领域、特殊用途、特殊人群"等关键词。中国特色的语言数据包括对中国风土人情、特色文化的收集,如果在此基础上加以双语或多语翻译,不仅可以服务于人工智能的语言模型训练,还可以更好地传播汉语、中国社会和文化,达到"一箭双雕"的目的。比如商务印书馆出版的《中国风土民俗汉英词典》《中国政经法商汉英词典》《中华白酒文化汉英双解词典》《中国语言文化背景汉英双解词典》等汉英系列工具书就是该类语言数据的优秀代表。

当然,今后的语言数据如果可以加入多模态(图片、语音、视频等)的数据类型,数据用途将会更加广阔。在"特殊领域、特殊用途、特殊人群"方面,关注"一小一老"的数据,即婴幼儿早期的语言习得数据和老年人的语言蚀失数据。通过儿童语言习得数据研究者可以了解儿童语言发展的规律,为儿童语言教育提供科学依据,也可以通过收集和分析婴幼儿的语言数据,更早地发现儿童可能存在的语言发展问题,从而提供及时的评估和干预。通过收集老年人的语言数据,可以更早地发现他们可能存在的认知障碍或语言问题,并提供及时的认知干预。还有关于特殊儿童的语言数据,如自闭症儿童、耳蜗移植儿童等,基于这些数据,语言研究者和康复治疗师可以为特殊儿童制订个性化的教学计划,提供有针对性的语言康复训练和支持。再如医患沟通语言数据,通过分析医患沟通的语言数据,可以发现沟通中的问题和障碍,为改善医患关系提供建议等,从而优化服务流程、提高沟通效率,为患者提供更加贴心和满意的医疗服务。这些语言数据的构建不仅丰富了语言数据的内涵和外延,也为研究者提供了独特的研究视角和丰富的素材,对语言研究、教育实践、医疗改革等领域具有重要的价值。此外,在大规模语料库中融入特殊人群、特殊领域的语言数据也体现了中国社会对特殊人群的关爱和保护。

2.1.4.5 数智赋能时代的中国特色语言服务

在数智赋能时代,具有中国特色的新时代语言服务面临着新的任务和责任。

改革开放 40 多年来的快速发展使我国成为语言服务大国,但由于语言服务的标准化水平较低、语言服务产业集聚能力和产业基地建设水平较弱以及语言服务学科尚未建立等原因,我国还未迈入语言服务强国的行列(王立非,2021)。对此,不少学者提出了中国从语言服务大国向语言服务强国转变的方向和路径,如屈哨兵(2020)结合中国特色社会主义建设进入新时代的特点,从人才强国、制造强国、科技/质量/航天/网络/交通强国、海洋强国、贸易强国、文化强国、体育强国和教育强国等方面阐述了语言服务的作用和运行模式,提出了中国语言服务应融入国家发展大局,为建设富强民主文明和谐美丽的社会主义现代化强国做出语言文字事业的特殊贡献。此外,屈哨兵等(2023)提出了新时代背景下语言能力需要重点建设的四个方面,即语言的标准化、资源化、多元化和智能化服务。在这些方向性指引的大框架下,我国语言服务建设取得了不少进展,主要体现在以下三方面。

1. 服务国家战略,促进社会发展

语言服务在服务国家战略方面的重要作用在"一带一路"视域下得到了很好的体现。"一带一路"重点覆盖中国 18 个省、自治区和直辖市,目前沿线涵盖 60 多个国家、200 多种民族语言(李宇明,2015) 及众多方言。基于中国语言服务行业发展的时代特点,学者们从区域政治、经济、文化特点、技术挑战以及全球竞争环境的视野出发,从依托政策引领、加强宏观规划、增强风险意识、开拓新型服务项目、注重国内外合作、跨国语言服务安全保障等方面为语言服务行业新时代的发展提供了对策,并针对非通用语人才紧缺的现实挑战提出进一步统筹语言资源配置的实践路径(张慧玉,2018;刘爱彬等,2023;毛延生等,2023)。

此外,新时代背景下,语言服务在构建和谐健康的社会语言生活中也发挥着重要作用。语言服务在城市语言环境研究、乡村振兴、智慧城市建设、区域经济发展、应急语言服务、老年语言服务等方面提供了有力支持。例如,在 2019—2020 年北京语言大学语言学者联合高校、网络平台、企业等各部门联合研制开发的"疫情防控外语通",利用技术赋能的语言服务,面向在华来华留学生和外籍人员提供了疫情防控和治疗的语言服务,在一定程度上解决了外籍人员的沟通障碍(北京语言大学语言资源高精尖创新中心,2020)。

又如在语言和健康研究方面,中国学者不仅在健康知识普及、在线医疗咨询话语分析、医学教育中会话分析、医患对话技能等领域的理论创新和实践应用上逐渐与世界接轨,并且针对国内的实际情况,运用符合中国特色语言与健康研究的研究方法、利用人工智能及大数据技术、自然语言处理的辅助分析等技术,由语言学、医学、卫生健康等领域的学者携手研究语言与健康问题(黄立鹤,2022)。

2. 加强汉语国际传播,扩展多元化服务

语言服务为汉语和中国文化的传播提供了良好的条件。新时代的汉语国际教育也体现了智能的特点。数智赋能背景下,汉语国际传播可以具有更好的自主性、个性化和合作性。目前,数字技术在汉语国际教育教学领域以及资源建设领域应用广泛,建成了教学类数字资源与数字共享平台,利用 5G、AI 等技术,实现国际汉语教育信息与数据的实时监测、获取、整合、分析及预测等,搭建信息互动平台,实现了汉语国际教育的信息化、数字化和智能化(王琦,2022)。

近十几年来,汉语国际教育在国内外都经历了发展热潮,呈现出学习人数增加、海外汉语学习者低龄化的现象(李宇明,2018)。针对国外学习者的学习热情,数智赋能时代的中国文化传播可以借助于各种新型的多模态数字产品平台,让人工智能等数字新技术为跨语言文化交流开拓新路径。比如通过 VR、XR 等技术实现的云旅游、虚拟博物馆等新业态的出现,使身在国外的游客也可以在虚拟现实技术的赋能下具身感知和开启云端文化之旅。数字化的新体验打破了时间和空间的界限,实现了超现实的虚拟现实信息传播,为中国文化国际传播实现创造性发展提供了有效路径(杨国藏等,2023)。人工智能时代的全媒体、智媒体技术搭建的多模态平台更能全方位地展示中国的历史、文化、社会、科技等方面的特色及成就,体现了中国文化的博大精深,为讲好中国故事、传播好中国声音提供高效助力,让更多的人了解中国、认识中国、爱上中国。

3. 保护语言文化资源传承,维护多样性发展

中国的濒危语言保存和保护从 20 世纪 90 年代至今,经历了启蒙探索、繁荣与转向以及以国家政府为主导实施语言资源保护工程三个阶段。近十几年来,江苏、上海、北京、广西、辽宁、福建、山东、河北、湖北等 10 省、自治区、直辖市语委启动了语言资源有声数据库建设;2014 年国家科技支撑计划批准了重大科技项目"中国语言资源有声数据库技术规范与平台研发",为语保工程提

供了技术支持(范俊军,2018)。人工智能技术在语言存储和训练学习方面有着显著优势,比如科大讯飞利用人工智能技术寻找濒危语言中不同尺度的音节语义之间的关联和模式,在超强算力的服务器的协同配合下,最终形成语音库,实现了濒危语言的留存。凭借先进的智能语音技术,该公司覆盖多个民族语言及方言的语音系统已经在语音输入法、翻译机、自动评测以及播报中得到实际应用,进一步推进了民族语言、地方方言的保护和传承,为维护语言生态多样性做出了贡献(罗蓉,2020)。

迄今为止,人工智能技术已经在濒危语言的语音、语义和句法结构语料库构建上提供了重要保证,进一步推进了民族语言、地方方言的保护和传承。

2.1.5　结语

数智赋能时代的高速发展期已经来临,人工智能大模型带给我们的惊喜接踵而至,它不但可以通过数据分析、机器学习、深度学习等技术手段在一定程度上预测未来,还可以帮助人们认识过去。近期,研究人员使用机器学习模型成功破译了因维苏威火山爆发而被烧焦后深埋地下近2000年的古罗马卷轴上的文字。可见有了人工智能这项工具,人类可以探索的领域在时间与空间、深度与广度等各个维度上都有了扩展。当然,数智赋能时代中新技术的发展也会带来法律法规、伦理规范等方面的挑战,并对传统行业带来很多冲击,比如有人会担忧未来人工智能会取代人类,成为行业的主流。

面对新时代的机遇和挑战,我们应该清醒地认识到,技术进步对使用技术的人类提出了更高的要求,技术帮助人类从机械重复的低层次劳动中解脱出来,那我们就需要更好地发挥"人"作为技术主人的能动性,进一步发掘"人的智能"对"人工智能"的深度驯化能力,使社会不断进步、生活更加美好。在这辆通往未来理想生活的快速列车上,让"人的智能"携手"人工智能",共同创造一个更加美好的未来。

参考文献

北京语言大学语言资源高精尖创新中心,2020.立足国内,面向国际,"战疫语言服务团"研发《疫情防控外语通》助力新冠肺炎疫情防控[EB/OL].(2020-05-19)[2024-05-30]. https://yuyanziyuan. blcu. edu. cn/info/1065/2065. htm.

范俊军,2018.中国的濒危语言保存和保护[J].暨南学报(哲学社会科学版),(10):1-18.

冯志伟,张灯柯,2023. GPT 与语言研究[J].外语电话教学(2):3-11.

郭晓勇,2010.中国语言服务行业发展状况、问题及对策[J].中国翻译(6):34-37.

何恩培,闫栗丽,2019.改革开放40年语言服务行业发展与展望[J].中国翻译(1):130-135.

胡杰辉,胡加圣,2020.大学外语教育信息化70年的理论与范式演进[J].外语电化教学(2):17-23.

黄立鹤,2021.语言与健康研究的发展与创新[J].语言战略研究,(6):11-12.

李艳,2020.语言产业经济学:学科构建与发展趋向[J].山东师范大学学报(社会科学版)(5):76-86.

李宇明,2015."一带一路"需要语言铺路[J].中国科技术语(6):62.

李宇明,2016.语言服务与语言产业[J].东方翻译(4):4-8.

李宇明,2018.海外汉语学习者低龄化的思考[J].世界汉语教学,32(3):291-301.

李宇明,王春辉,2022.从数据到语言数据[J].语言战略研究(4):13-14.

李宇明,2023.人机共生时代的语言数据问题[J].华中师范大学学报(人文社会科学版),62(5):135-143.

刘爱彬,姚铃,张耀军,2023.数字经济视域下"一带一路"跨国语言服务优化升级路径探析[J].数字经济(11):25-37.

刘庆峰,2018. AI 的未来:算法突破、脑智同飞、人机耦合[J].上海信息化,

(10):25.

罗蓉,2020.人工智能助力濒危语言保护[J].科技中国(12):34-35.

毛延生,田野,2023."一带一路"背景下面向东盟的语言发展体系建构研究[J].广西社会科学(3):54-60.

屈哨兵,2007.语言服务研究论纲[J].江汉大学学报(人文科学版)(6):56-62.

屈哨兵,2020.迈向新时代的中国语言服务[R].中国语言服务发展报告(2020):11-20.

屈哨兵,王海兰,2023.数字经济发展中的四大基本语言服务能力建设[J].广州大学学报(社会科学版)(5):112-121.

饶高琦,2019.给智能写作的快马套科技伦理的笼头[N].光明日报,12-24(2).

饶高琦,胡星雨,易子琳,2023.语言资源视角下的大规模语言模型治理[J].语言战略研究(4):19-29.

王传英,2014.语言服务业发展与启示[J].中国翻译(2):78-82.

王华树,谢亚,2023.ChatGPT时代翻译技术发展及其启示[J].外国语言与文化(4):80-89.

王立非,2020.语言服务产业论[M].北京:外语教学与研究出版社.

王立非,2021.从语言服务大国迈向语言服务强国:再论语言服务、语言服务学科、语言服务人才[J].北京第二外国语学院学报(1):3-11.

王琦,2022.新时代国际中文教育多中心治理研究[D].山东大学博士论文.

杨国藏,马瑞贤,2023.数字语言服务视角下中国文化的国际传播研究[J].传媒(11):46-48.

袁家骅,2001.汉语方言概要(第二版)[M].北京:语文出版社.

袁军,2014.语言服务的概念界定[J].中国翻译(1):18-22.

袁毓林,2024.ChatGPT语境下语言学的挑战和出路[J].现代外语(4):572-577.

张成智,王华树,2023.数字人文时代译员搜商调查研究[J].中国科技翻译(2):5-11.

张慧玉,2018."一带一路"背景下的中国语言服务行业:环境分析与对策建议[J].外语界(5):19-26.

张慧玉,俞晔娇,崔启亮,2023.全球语言服务行业发展趋势研究(2009—2022)[J].山东外语教学(6):112-122.

中国翻译协会,2023.2023中国翻译与语言服务行业发展报告[R].北京:

中国翻译协会.

Common Sense Advisory, 2013. The Language Services Market：2013 [R].

Common Sense Advisory, 2019. The Language Services Market：2019 [R].

Common Sense Advisory, 2022. The Language Services Market：2022 [R].

2.2 英语通用语背景下国际中文服务能力建设探究

孙晓蕾①

摘 要：身处多元文化的国际社会,不论在世界范围内,还是从本国国情出发,英语作为世界通用语势必会给其他国家民族语言文化输出带来影响。面对英语通用语背景下国际形势的发展,运用路径依赖理论,追溯英语从民族语到世界通用语的发展路径,揭示英语语言帝国主义本质,汲取英语作为民族语在英国复兴的历史经验,总结民族语言发展核心要素为认知、技术和制度,提出"认知—技术—制度"三维一体民族语言能力建设理论模型,针对民族语言发展中的单语化认知锁定、单向度规则锁定和数智化技术锁定现象,建议通过转变认知、制定规则和革新技术,保护语言资源、打破技术垄断和追求公平正义,提升国际中文服务能力。

关键词：语言;英语;民族;民族语

党的二十大报告指出,要加快构建中国话语和中国叙事体系,讲好中国故事、传播好中国声音。新时期如何对外讲好中国故事、

---

① 孙晓蕾,博士,讲师,上海出版印刷高等专科学校外语系,研究方向：英语语言史、乔叟文学和传媒英语。

传播好中国声音,打破以西方为主导的舆论格局,扭转我国对外交流的"逆差",让世界了解一个真实、立体、全面的中国,是所有从事语言文字工作尤其是外语教育教学工作者应有的担当。总体而言,讲好中国故事需要把握谁来讲、讲什么和怎么讲三个问题,明确讲述主体,突出讲述主题,强调讲述方式方法(任洁,2021)。为此,本文着重讲述方式方法问题,以英语通用语背景下国际中文服务能力建设为落脚点,正视国际通用英语和民族语言之间的关系,直面民族语言发展面临的问题,提出民族语言能力建设方案,坚持民族语言文化主体性,传播好以民族文化为主题的中国声音,寻找世界民族语言共同发展路径,消弭国家之间的文化价值鸿沟,共同致力于世界民族语言资源的开发和民族文化间的交流。

目前在以英语为主导的国际社会中,英语作为最主要的国际通用语在国际事务中发挥重要作用,并在此基础上形成了关于其他国家民族形象的认知。如何展现真实的中国形象,扭转我国在对外交流中处于弱势的局面,提高民族语言文化软实力,降低国际舆论对中国形象的错误理解,关键在于做好两类语言和两种方式的文化传播。两类语言指的是民族语和外语,比如中文和英语,分别代表了自内向外和自外向内两种文化传播方式。中文是自内向外,以中华民族主体文化为核心向外辐射。其面向的是国外,不同于国内环境,所以中文国际传播策略至关重要,它决定了传播效果。英文是自外向内,作为国际上最为通用的语言,在我国已有百余年的传播历史,已经融入了我们的生活。对于非英语国家而言,英语传播者的文化主体性认知不可轻视,它决定了文化传播的意识形态。新形势下如何处理好民族语言和国际通用英语之间的关系,解决好国际背景下民族语言发展和民生问题,是所有非英语国家需要共同面对的问题。在中国式现代化进程中,基于中文国际化发展趋势和英语通用语传播现状,我们应如何看待中英两种语言文化间的接触,处理好中文国际化和英语通用语之间的关系,做到"双向奔赴",正是当前需要解决的问题。

据民族语(Ethnologue)网站所示,现今世界上共有 7168 种正在使用的语言(living languages)。英语作为世界通用语却独具霸首地位。追根溯源,英语在世界的广泛传播在很大程度上得益于其过去殖民的历史。即使原英语殖民地国家和地区已经取得独立,英语却仍然作为官方语或通用语在原殖民地国家发挥作用。究其原因,主要有两点:一是英语语言帝国主义(English linguistic imperialism)影响,二是路径依赖(path dependence)现象,两者相互交织,相互影响,相互强化。当今身处文化多元的国际社会,不论在世界范围内,还是从本国国情出发,英语作为世界通用语势必会给其他国家民族语言文化输出带来影响。语言帝国主义影响下的文化殖民现象依然普遍存在,非英语国家,尤其是后殖民地和欠发达国家与地区陷入语言发展和人权的悖论,"母语保护与经济发展""母语认同与向上流动之间"存在矛盾(方小兵,2014)。本文认为,运用路径依赖理论,追溯英语从民族语到世界通用语发展路径,对于理解语言帝国主义影响下的国际语言环境,汲取英语作为民族语在英国复兴的历史经验,建设"认知—技术—制度"三维一体民族语言能力理论模型,提升新时代国际中文服务能力,解决世界语言发展共同面临的问题,实属必要。

2.2.1 英语从民族语到世界通用语发展路径

道格拉斯·C. 诺思(Douglass C. North)在《制度、制度变迁与经济绩效》(*Institutions, Institutional Change and Economic Performance*)中用路径依赖理论阐释社会制度演进的观点,同样适用于语言社会的发展演进。诺思认为"制度"是"一些人为设计的、型塑人们互动关系的约束"(North,1990)[1],制度的三个基本构成是"正式的规则""非正式的规则"和"规则实施的类型和有效性"(North,1990)[4]。由于人们在规则理解方面存在差异,对环境的辨识又存在不确定性,因此人类社会便出现了"旨在简化处理过程的规则与程序",以及在此基础上形成的"制度框架",即"通过结构化人们的互动,限制了行为人的选择集合"(North,1990)[25]。结果在人类社会发展的长河中便出现了各种不同的制度,并产生了人类社会变迁中的路径依赖和锁定(lock-in)效应(杭行,2016)[5]。具体说来,路径依赖指的是历史上某种技术突破、事件结果或机会环境可能对其他同类技术、事件或环境产生"垄断性主导","决定结局",并且"结局一旦出现,便会产生一条特定的路径"。这种特定的路径或"解决方案一旦达成,就很难再从中走出来",哪怕是本来能够更好地解决问题的方案实际存在(杭行,2016)[111],这就是路径依赖影响下的锁定效应。路径依赖理论与英语从民族语到世界通用语的发展具有耦合性。英语突破英伦三岛走向世界的过程,勾勒出盎格鲁-撒克逊民族在经济扩张和文化殖民道路上,改变国际规则格局、传播意识形态和实施文化殖民取得成功、攫取利益和获得垄断霸权的历史轨迹。英语作为世界霸主的地位一旦形成,便以报酬不断递增的方式,强化不平等和强权政治,在政治、经济和文化上迫使被殖民和第三世界国家对其不断产生依赖,造成了被殖民和第三世界国家难以摆脱的发展困境和普遍存在的话语权缺失问题。在英语语言文化传播到世界各地的同时,其他民族语言文化陷入锁定效应,出现了不同程度的母语发展和文化输出与英语语言意识形态相悖的现状,以及难以摆脱的民族语言发展与能力建设障碍。诚如诺思所言,历史的重要性不仅仅在于我们能从历史中学习,还在于知道现在和将来是"由社会制度的连续性"将之与过去相连接,"历史在很大程度上就是一个渐进的制度演化过程"(杭行,2016)[140],"制度将过去、现在与未来连接在一起","今天和明天的选择是由过去形成的"(North,1990)[vii]。因此,我们有必要透过英语普及传播现状了解其过去发展变化的历史,追溯英语从民族语发展到世界通用语的路径,深度了解并解除民族语言发展道路上的锁定效应。

作为民族语言发展成世界通用语的典型,英语经历了从古英语、中古英语、现代英语再到帝国英语和世界通用语的发展过程,从本土不断向他国和世界输出文化。为便于研究,本文将这五个阶段大致以具有影响力的历史事件为结点进行划分,具体分为古英语时期(1066 年诺曼征服以前)、中古英语时期(1476 年印刷机引入英国以前)、现代英语早期(文艺复兴和启蒙运动)和晚期(工业革命和海外扩张)、帝国英语时期(垄断主义时期)和世界通用语时期(第二次世界大战后)。

英语有文字记载的历史始于古英语(5—12 世纪)。古英语属于西日耳曼语,由于源自西欧不同地区,直到 10 世纪以前英格兰都不曾形成政治上统一的民族。据古英语手稿所示,7—8 世纪英格兰所处的七国时代(Heptarchy)就存在三种方言,分别是诺森伯兰语(Northumbrian)和莫西亚语(Mercian)组成的盎格鲁语(Anglian)、肯特语(Kentish)和西撒克逊语(west Saxon)。10—11 世纪,西撒克逊语作为书面语标准被广泛使用,现如今绝大多数遗留手稿都由西撒克逊语所著,因此人们所指的古英语通常是 10—11 世纪的西撒克逊语(Freeborn,2015)[42]。古英语多用实词(名词、动词、形容词和副词),较少使用功能词(如冠词、介词和代词),复合词频率较高,因而看似更加紧实。比如《坎特伯雷故事》(*The Canterbury Tales*)中商人的故事序言中第 1214 诗行出现的 amorwe 就是古英语,副词,相当于现代英语 in the morning (Benson,1987)[153]。1066 年,法国诺曼底公爵威廉(William of

Normandy)凭借强大的军事实力,在黑斯廷斯战役(Battle of Hastings)中战胜了英王爱德华的继承者哈罗德(Harold Godwinson)。哈罗德战败身亡,伦敦不战而降,威廉被加冕为英国国王,从此法国人统治英国的诺曼王朝开启。

　　以诺曼征服为起点,诺曼法语(Norman French)或称北部法语(old northern French)成为英国的官方语。这一时期英语在与以法语为主的其他语言接触中发生了较大变化,实现了从综合性特征更显著的古英语到分析性特征更显著的中古英语的转变。中古英语大致保留了古英语方言区,只有英格兰中部的莫西亚地区(Mercia)发生了变化。由于受到丹麦人控制并实施丹麦法律(the Danes' law),莫西亚东部和西部地区进一步分化,形成英格兰东中部和西中部两个方言区。因此,中古英语的五个主要方言变体分别为:由诺森伯兰语演变的北部方言(Northern)、由西撒克逊语演变的南部方言(Southern)、肯特方言(Kentish)或称东南方言(South-East)、西中部方言(West Midlands)以及东中部方言(East Midlands)(Freeborn,2015)[173]。以《坎特伯雷故事》中管家的故事为例,约翰和阿林(Aleyn)都来自诺森伯兰地区,说的是北部方言,磨坊主赛姆金(Symkyn)说的是东中部方言区的伦敦方言。中古英语时期,没有一个方言区的语言能像古英语时期的西撒克逊语那样成为官方书面语。

　　从历时视角来看,中世纪英国民族语言发展路径基本可以概括为从古英语到三语同期再到早期现代英语雏形期。从共时视角来看,由于主权剥夺和标准化问题,中古英语时期英国民族语言总的来说是古英语和现代英语过渡期的综合变体。中古英语和现代英语最大的差别在于标准化。现代英语经过标准化和规范化以后,读音和拼写都比较固定,没有太大变化。然而中古英语却并不是一种统一规范的语言。中古英语是历史、政治和经济等多因素影响下多语言的混合,是"古英语和现代英语过渡期间一系列不同的、快速变化又相互交织的英语变体的综合体"(Blake,2006),是包括各式"英语"和"法语"在内的英格兰本土语。"英语"主要指包括古诺斯语(Old Norse)在内的古英语(Old English)、中古英语(Middle English)、诺曼英语(Norman English)和多种方言变体。"法语"也不是一种语言,而是类别的统称,包括法国北部和低地国家南部所说的北部法语(Northern French)、12—13世纪英格兰境内使用的法语和巴黎法语(Parisan French)(Ormrod,2003)[753]。总的来说,在法语、拉丁语和英语三语同期时期,英国民族语言尚未形成统一之时,英语不只是一种语言,英国文学也不只是英语文学。

中古英语晚期,1362年法庭辩护法令(Statute of Pleading)颁布后,英语替代法语成为法庭和议会语言,英语的政治地位也不断上升。第一个以英语为母语的国王亨利四世的当政期(1367—1413),"伦敦和西敏寺的宫廷圈"也已经逐渐开始说英语(Burrow,2005)。伴随英法百年战争(1337—1453),英国民众对于民族语言的拥护和支持愈加高涨,英语主体地位"在整个14世纪民众生活的方方面面"已经不断显现(Davis,1987)。14世纪下半叶,英语开始与拉丁语和法语同时出现在书面行政事务中。据统计,1415—1485年间英国王室出具的书面文件中所使用的语言,1439年之前几乎全是法语和拉丁语,而且法语所占比重更大;1437—1446年在短暂的三语同期使用之后,从1447年开始法语几乎完全退出历史舞台,英语和拉丁语平分秋色(Dodd,2012)[262]。随着国家政权的回归,法语退出历史舞台已是必然。玉玺书面文件语言上的分层变化,反映了在原有语言规定缺失的情况下,玉玺管理处工作人员对于民族语言的选择恢复了自主权。

1474年,英国第一个印刷商威廉·卡克斯顿(William Caxton,1422—1492)将德国活字印刷新技术和印刷机引入到英国,1476 年,又在伦敦西敏寺附近建立了英国第一个印刷厂(the printing press at Westminster),开启了大规模出版书籍的历史。这件具有划时代意义的大事开启了英国媒体革命。自此以后,一直到逝世前,卡克斯顿共出版了包括《公祷书》(*The Book of Common Prayer*)和《坎特伯雷故事》在内的英语宗教白话文、英国民族文学作品和个人译作逾百部,英语本土作品得到推广普及。在印刷图书的影响下,英语语言文字传播速度大大加快,读者范围和书籍种类不断扩大,句法和文法不断统一,英语白话文学开始蓬勃发展。英国本土民族作品的印刷和出版在教育普及、区域方言统一和英语标准语形成中发挥了积极作用,推动了英国民族和社会文化不断统一和形成。尽管完全受认可的标准英语在几个世纪后才得以形成,但中古英语晚期,以受教育阶级为基础的伦敦方言已经逐渐开始成为英格兰地区的书写标准,并逐渐发展为早期现代英语的雏形,推动英语作为民族语取得独立发展。

现代英语时期可以大致划分为早期(1750 年以前)和晚期(1750—1900)。现代英语早期,自 15 世纪印刷机的引入到 1750 年左右,在新媒体技术的影响下,英语拼写不断统一、规范和固定,英语语音也发生了巨大变化,即"元音大变化"(李赋宁,1991)[208]。这一阶段,英国经历了文艺复兴和启蒙运动两大思想文化运动,民族语言文化形成统一、复兴繁荣。自此到 18 世纪末,标准英语发音(received pronunciation)和拼写最终得以确立。晚期,即 19—20 世纪,英语在科技进步、工业革命影响下取得突飞猛进的发展,英语词汇迅速增长。出版业的发展、教育的普及以及国家意识的增强,进一步促进了英语语法结构和惯用语的稳定统一(李赋宁,1991)[352-353],"英语从综合性结构的语言演变为分析性结构的语言"(李赋宁,1991)[361],现代标准英语语法最终形成。英语"按照人类思维的自然的逻辑顺序来安排词序",词在句子中的关系不再通过性、数和格的变化实现,而由词在句子中的位置决定。英语越来越贴近人们生产生活实际,为"有可能成为一种被大家接受的国际共同语"准备了条件(李赋宁,1991)[362]。

需要特别指出的是,在英国成功夺回政权、英语被确立为官方语言并取得统一之后,一直到17世纪,英语在世界上仍然属于少数族裔语言(minor language)。随后,在不到四个世纪的时间内,英语逐步成长为当今世界上用于国际交流的最主导性语言,其原因主要归功于英国在17—19世纪长达三个世纪对海外的"征服、殖民和贸易",以及20世纪,尤其是"二战"后,"美国作为主要军事大国和技术领导者"的强大支持(Troike,1977)。自16世纪到18世纪中叶,随着新大陆的发现,大西洋取代地中海成为东西方交通要塞,面向大西洋的英国就开始了向外扩张侵略、向海外殖民地移民和文化殖民的历史,其先后打败西班牙、法国和荷兰,在北美洲、印度和非洲殖民,成为头号殖民强国。美国独立后,英美列强通过征服、侵占和吞并的手段继续拓展空间,将英语宗主国文化带到美洲、印度、非洲和亚洲等地,开启对殖民地和半殖民地国家的经济掠夺和文化侵略。1885—1900年,欧洲列强完成了对非洲的瓜分,全世界85%的陆地面积成为殖民国家和地区。19世纪末,西方资本主义发展到帝国主义垄断阶段。为保护既得利益,抢占殖民地资源,以西方列强为首的帝国主义国家纵横捭阖,引发了两次世界战争。"二战"后,世界格局产生新变化,殖民地国家纷纷独立,大英帝国土崩瓦解,但母语为英语的国家为主导的国际格局依然存在,英语仍然是服务帝国主义的手段。

总之,英语在世界的地位被牢固确立的原因是英国殖民主义、国际间的相互依存、技术革命、交通、通信和商业发展的结果,也是当今世界最主要经济、政治和军事大国美国崛起带来的影响。正如菲利普森(Robert Phillipson)在《语言领域的帝国主义》

(*Linguistic Imperialism*)一书中开宗明义指出，曾经统治大西洋和太平洋两岸的是英国，现在统治它们的是英语，大英帝国已经让位给英语帝国（2000）[1]。犹如英美列强对于他国经济和军事掠夺一样，英语对于其他语言的霸权，是实实在在的。英语在"科学、技术、医药和计算机，研究、图书、期刊和软件，跨国业务、贸易、船运和航空，外交和国际组织，大众媒体娱乐、通讯社和新闻业，青年文化和运动以及教育体系"方面占据主导地位，因此在国际事务中承担了更多的"功能负荷量"（functional load）（Phillipson，2000）[6]，也成为世界上学习最为广泛的一门外语。

2.2.2 英语作为世界通用语在全球的传播和影响

追溯英语从民族语发展到世界通用语的历史，我们看到的是盎格鲁-撒克逊民族从弱到强，再到以强凌弱、霸凌世界的路径。历史上从来不乏文人志士描写"伴随武装斗争旗帜下的语言"犹如"征服者带给被征服地区律法一样"（Burke，2004）[22]，对被征服或弱势国家和地区实施思想和文化征服。当前以英语为母语的使用者的范围不断扩大，以英语为第二语言的国家和地区不断增多，英语作为世界通用语的地位已是俨然的事实。海外扩张和移民殖民，以及随后的经济垄断和美国的强盛，加之英联邦国家的推波助澜，英语不再是局限于英伦三岛的民族语，其已成为世界最流行、学习最广泛的语言，是近 60 个主权国家的官方语言或官方语言之一，是联合国、欧盟以及许多其他世界和区域国际组织最常用的官方语言或工作语言。

菲利普森曾沿用普赖斯沃克（R. Preiswerk）在《钢笔的倾斜：儿童图书中的种族主义》（*The Slant of the Pen：Racism in Children's Books*，1980）中对种族主义确立模式的概括，指出许多语言和帝国主义分析中的基本术语都加载了意识形态，反映的是欧洲视角下对相关事务的概念化处理，目的是强化以欧洲为中心的"不实虚构"和"刻板印象"（Phillipson，2000）[38]。以欧洲为中心的语言领域的帝国主义与种族主义确立的模式相一致，其实现途径主要表现在三方面：第一，主导群体所创设的自我理想形象的拔高；第二，对被主导对象的贬低以及对其文化、体制、生活方式和观念的压制和滞止；第三，对于有利于主导群体的两者关系的系统合理化。菲利普森在《语言领域的帝国主义》中进一步阐释，英语语言帝国主义的本质就是帝国主义，确立和维护的是英语和其他语言在"结构和文化上的不平等"以及不断重构的英语主导地位。其中，"结构不平等"指的是制度、财政配置等物质属性上的不平等；"文化上的不平等"是态度、原则和教育等非物质和意识形态属性上的不平等（2000）[47]。对于欧洲中心主义意识形态下的语言做帝国主义本质的界定，能够让我们在整体上对帝国主义的结构进行全面把握，认识到语言帝国主义是帝国主义的形式工具，是帝国主义实质内容的外在反映。不论殖民时期的武力（大棒）、贸易中的交易（胡萝卜），还是语言传播的思想观念（意识形态），帝国主义推行的方式不同，本质却相同：占据主导地位，对被主导对象实施控制。

目前，英语作为语言领域帝国主义的首要代表，在全球范围内享有特权待遇，传播以欧洲为中心的语言歧视主义，深刻影响各国在科技、教育和职业，以及社会分层和财富分配上的决策和发展。李圣托（Thomas Ricento）在《语言政策与政治经济：全球化背景下的英语》（*Language Policy and Political Economy：English in a Global Context*）中表明，不论在以英语为母语的"内圈国家"（inner-circle countries），还是在被殖民过的"外圈国家"（outer-circle countries）以及未被殖民过的"扩展圈国家"（expanding-circle countries），英语在全球范围内以"英语连续体"（English continuum)的存在方式不断强化其统治地位,在"社会阶层流动""高质量教育"和"英语媒介教育"方面造成了社会地位和财富的"不平等"(2015)[282-284]。

英语内圈国家奉行单语主义和"唯英语、标准英语优先"(English-only,standard-English-preferred)思想,认为英语是语言交流工具和社会经济流动载体。菲什曼(Joshua A. Fishman)在《英语的盛行:英语作为附加语言的社会学》(*The Spread of English:The Sociology of English as an Additional Language*)中维护英语作为交流工具的形象,认为英语"在民族和意识形态上是没有负担的"(1977)。这是 20 世纪 80 年代以英语为主导的"英语教学圈"对其他少数民族语言采取同化政策的理论依据。在这种意识形态指导下,英语是"不容置疑的福音",其在全球的使用和传播是由"市场状态('需求')和论证力(鉴于已有'事实'的理性谋划)决定的"(Phillipson,2000)[8];英语在促进"社会流动"方面"发挥积极作用"(Brut-Gfriffler,2002);"否定英语语言媒介教育"是欠发达地区"社会经济隔离"的原因(Ricento,2015)[30]。

英语外圈国家大多是以英语为主导的被殖民国家。受路径依赖影响,英语作为官方或第一语言在民族独立后继续发挥作用。因此,针对英语和欧洲语言影响下的民族语言研究,特别是皮钦语(Pidgin)、克里奥尔语(Creole)、通用语(Lingua Franca)和多种语言变体研究比较集中。这是民族语言受制于帝国主义影响、被迫发展适应的见证,也引发了一系列语言公平正义问题。英语作为"发展、现代和科技进步的语言",在全球市场中获得"差别利润",不论国家还是个人,如果不懂英语,就会处于被剥削地位。这种潜在、隐形、不易被发现的语言剥削,作为"语域"中持有"语言资本"者被剥削的对象,承受着剥削者带来的"象征暴力"(Mowbray,2012)。

英语扩展圈国家将英语视为"国际连接语言",对内圈国家意识形态持认同支持态度,认为在国际交流合作和追求社会公正方面英语发挥积极作用,因此推广英语是他们的"职责"(Van Parijs, 2011)。比如,北欧和日本将英语从外语提高到第二语言地位,新加坡将英语作为超越民族之上的语言进行推广,施行以内圈国家为主导的英语教学。英语的传播和推广,使得这些国家地区,无不在观念、内容、原则、呈现方式和学习策略等多方面,渗透着英语作为商品存在的政治投资和经济回报。总而言之,英语内圈、外圈和扩展圈在微观、中观和宏观层面共同将英语推向霸主地位,外圈和扩展圈对内圈存在认知、经济和技术上的依赖。

由此可见,英语作为国际通用语不仅仅涉及语言问题,还是英语核心国家掌控主导权,操控政治、经济和媒体,凌驾在他国主权和语言之上造成世界不平等的工具。语言不仅具有工具性,还具有政治性、文化性和意识形态性,任何"只谈英语的工具性而有意不谈语言的政治性、文化性和意识形态性",认为英语只是一种交流媒介的看法都是错误的(周宣丰,2017)。原本在殖民时期通过武力进行的殖民,如今在全球范围内,通过英语的传播使用,宣传欧洲文化中心主义,损害其他民族形象、利益和情感。刻意避开英语的意识形态、张扬英语功能的说辞,是话语主导者对被主导对象的一种灌输,是典型的西方意识形态主导下对于文化殖民的掩盖。欧洲文化中心主义意识形态下英语语言相关的那些"基本常识"都是值得推敲的,若不改变主导者与被主导者双方对立不平等的关系,两者在利益上是不可能达成共识的。面对语言帝国主义影响,我们应该如何理性看待英语作为世界通用语在全球的传播,从而培养民族语言平等意识呢?

首先,应认识到英语教育领域里的帝国主义现象。"英语教学是说英语民族军火库里更有威力的武器"(Phillipson, 2000)[9],英语教学中的组织和个体要质疑从西方那里获得的有关英语语言教学的内容、方法以及专业性。不妨分析主导和被主导者之间的关系,特别是英语语言学习被推动的方式,思考教育领域里英语帝国主义的现象和本质。比如,联合国推广的"人人受教育"(education for all)是人人真正获得受教育的权利,还是"人人学英语"(English for all)。再比如,20世纪70年代起至今依然策划热播的《星球大战》系列电影,售卖的是电影本身,还是与之相关的文化意识形态,其传播推广的内容是文化多元,还是文化帝国主义。对以上问题的思考会引导我们发现英语教学相关的职位、观念、内容、原则、呈现方式和学习策略中存在着语言和文化帝国主义的固有观念。此外,对于英语内圈国家而言,英语教学不仅只是专业语言教学,还是具有丰厚报酬的营利行业。大多以英语为主导的第三世界国家具有一个共同特点:英语拉大了财富分配差距和社会地位不平等。与贫困、饥荒和疾病一样,语言上的剥削也是剥削。这种语言剥削,作为语言帝国主义的一种表现,给包括第三世界国家在内的非英语国家带来的利益损失,是残酷和不可饶恕的。正视英语教学中意识形态导向和文化剥削本质,能够帮助我们正确看待英语传播问题、理解现代剥削以及为发扬民族语言文化正本清源。目前,是时候思考英语语言教学作为"世界商品"在全世界范围兜售单语主义、实施语言文化领域的剥削与"屠杀"问题了(Phillipson,2000)[13]。

其次,认识到单语主义的弊端和危害,摒弃双语或多语是问题的错误思维。英语以外其他语言的推广是必要的,其他民族语言和本国的民族语言不应该被视作国际交流的障碍,相反应该是需要加以保护的资源。单语主义思维下,一种语言的发展建立在牺牲其他语言基础之上。不论英国、北美、南非、澳大利亚还是新西兰,英语的发展都不同程度上建立在牺牲其他语言基础之上,比如英国的威尔士语和凯尔特语,北美的印第安语,以及南非、澳大利亚和新西兰土著语等。长期在"唯英语、标准英语优先"政策下建立的单语体制,并"不能理解语言和文化的多样性、双语和多语是个人和社会的资产"(Phillipson,2000)[20-21]。比如,凯瑟琳·斯坦-史密斯(Kathleen Stein-Smith)在《美国外语赤字:全球化世界保持竞争力的策略》(The U. S. Foreign Language Deficit: Strategies for Maintaining a Competitive Edge in a Globalized World)一书中就明确指出"美国人是最不喜欢说其他民族语言的一类人",美国外语赤字会影响其"有效领航全球化的世界"和面对"多文化和多语言的社会",并影响自己对其他文化的理解、感知和体验(2016)。以英美为主的英语国家如果不能扭转外语赤字问题,那么对于其他国家和民族的歧视和不公平就会一直存在,联合国在处理国际问题上所发挥的效用、产生的结果和深入参与的程度也会受到限制,同时其他少数族裔的民族语言也将面临更加艰难的处境。李宇明在《当今人类三大语言话题》中阐释了21世纪人类面临的三大话题是语言问题、语言资源和语言权利,指出"过去我们多把语言看成问题,主要工作也是解决语言问题","现在必需更加关注语言作为资源的属性"以及"语言多样性的价值"问题(2008)[23]。我们要像关注人类生存世界的多样性那样关注人类自身语言文化的多样性,不公平的语言将加快被主导民族语言的消亡,以及留存在世界的语言数量。这将意味着人类将"失去不可复得的语言样品""文化基因"和"历史记忆"(2008)[23],以及多姿多彩的世界。

最后,保持英语是全球多语种框架下一种语言的基本认知,发展其他国家民族语言,推动多极化社会新秩序建立,打破以英语为主导的认知世界。以英语为主导的认知世界中,世界只有两种类别,一是以英语为主导的"核心英语国家"(core English-speaking countries),如英国、美国、加拿大、澳大利亚和新西兰;二是英语外的"边缘英语国家"(periphery English-speaking countries)(菲利普森,2000)[17]。与李圣托对英语影响下的世界做内圈、外圈和扩展圈的表述相一致,菲利普森认为,边缘英语国家对核心英语国家在认知、经济和技术上产生依赖。这里菲利普森所指的边缘英语国家包括两种类型:一种是殖民时期被强加使用英语的国家,比如印度和尼日利亚;另一种是以英语作为国际连接语言的国家,比如北欧和日本(2000)[17]。此外,他认为边缘英语国家还应包括将英语暂时作为第二语言或者外语使用和学习的国家。因为在意识形态领域,这些边缘英语国家所习得的英语规范均来自英语核心国家。而且,在事实上,许多非洲和亚洲的学校教育中施行的是以核心英语国家规范为教学内容的英语教学(2000)[25]。以盎格鲁文化为中心的种族中心主义(anglocentricity)和语言歧视主义(linguicism)深深影响了世界格局,以及其他民族语言的国际地位,并在此基础上形成了评判英语外他国文化的价值观念。比如,南非独立后,英语仍然是最为广泛使用的语言;新加坡将英语置于民族语言之上;北欧和日本将英语从外语提高到第二语言的位置;英美文化常冠之以"全球的",其他文化却是"地方的";相较于他国语言专家,英语专家常被高看,能够获得更好的待遇;诸如此类,不一而足。基于此,英语外其他主权国家需要提升民族语言参与构建国际新秩序的能力。多极化国际社会新秩序需要建立在开发和保护多语种文化资源基础上,确保世界民族文化健康长足发展,集多语文化资源共同造福人类。秉持多元文化共存,推行多极化的社会新秩序,是引领世界未来走向的正确道路。目前,是时候肃清世界英美主流意识形态下的语言观和语言乱象,从世界文化角度综合考虑国际公民的责任和义务了。

依据现实、历史以及路径依赖理论,英语从民族语日渐强盛发展成为世界通用语后会不断继续强化其统治地位。新形势下我们的民族语言如何延续其传统血脉,创造新辉煌,重启从民族走向世界的发展道路,是摆在当代中国人面前的一个急迫问题和历史使命。阿拉斯泰尔·彭尼库克(Alastair Pennycook)在《英语作为国际语言的文化政治》(*The Cultural Politics of English as an International Language*,2017)一书再版前言中指出,随着英语在说汉语国家和地区传播,"中文在全球的知名度上升",但尽管如此,英语却"加剧了中国、马来西亚和新加坡等说汉语国家社会、政治和经济的不平等"(Schultz,2019)。由此可见,正视英语通用语给世界带来的影响,思考英语自外向内给民族语言带来的冲击,提升民族语言实力,不容忽视。新形势下,重新审视并处理好英语通用语和民族语言之间的关系,拒绝"唯英语、标准英语优先"的思想,防范英语作为主流意识形态对民族文化"倒灌",抵制英语在观念、内容、原则、方式和学习策略等多方面作为商品存在的政治投资和经济影响,坚守并发扬民族语言文化,保持民族语言文化的主体性,是所有语言工作者乃至中国公民的责任和义务。

2.2.3 英语作为民族语在英国复兴的历史经验

为了科学审视当今世界民族语言面临的难题,寻找民族语言发展复兴的道路,聚焦中世纪晚期英语作为民族语走出困境走向复兴的历史,有利于我们归纳总结民族语言发展的核心要素,并在汲取英语语言发展历史经验基础之上,从世界民族语言发展的高度,认识到中文与英语在接触交流中不断融合的趋势,致力于解决中英民族语言共同发展的问题。中英语言文化存在差异,在政治经济上也有不同的国别利益,但是民族语言的复兴与发展却具有一定的统一性,同样受制于某些关键因素的制约。发掘英国民族语言复兴的历史,批判性汲取英语发展经验,有利于发掘制约民族语言发展的关键因素,处理当前英语语言帝国主义影响下的中文国际化发展问题,通过语言间的接触、包容和共生,实现世界民族语言的共同发展。如前文提到的在古英语向中古英语变革的过程中,古英语作为被征服的语言就曾经历过诺曼法语长达几个世纪的霸凌,最终通过民族上下众志成城的努力,吸收、借鉴并取代诺曼法语,演变为更加有利于学习传播的中古英语,为现代英语进一步繁荣发展打下基础。现今对于汉语而言,对西方语言文化殖民保有清醒认识,对英语帝国主义的普遍存在认知准确,发展促进民族语言繁荣的核心要素,是制定合理的民族语言政策的必要准备和理论前提,并为我们面对现状提出国际中文服务能力建设的途径与方法做好了理论准备。

英语从历史上的小语种发展为国际通用语,民族性和世界性共生特征显著。回顾历史,中世纪晚期英国民族语言大致经历了从三语同期到早期现代英语雏形期的发展历程。中世纪晚期,受制于政治经济影响,以及时代发展局限和社会规则约束,英国民族语言发展陷入困境,民族语言身份和语言认同存在问题。诺曼征服后,法国贵族入主英国,诺曼法语成为英国政府的官方语言。罗马教会势力庞大,英国教会由罗马教廷控制,社会教育主要局限于宗教学习,因此拉丁语自然是宗教和教育用语。聚焦三语期英语从官方法语和宗教拉丁语权威中以底层民众语言胜出的历史,可以总结出民族语言发展相关的因素有:语言和民族、语言和权利、语言和认知、语言和制度、语言和技术。

第一,语言和民族。中世纪晚期,英语不仅面临语言统一的问题,还有国家统一的难题。1066 年,随着英格兰本土威塞克斯王朝被威廉大帝终结,英国历史上的至暗时刻到来。自 1066 年到 14 世纪中期,法国诺曼王朝开始征服并改写英国历史,诺曼法语在英国社会上占主导优势。几乎所有的英国贵族被剥夺土地,教会财产被没收,官职由说法语的大主教和主教担任,说法语的僧侣入主修道院。对于法国诺曼王朝统治阶级而言,培植和扶植英国本土贵族对于稳固朝政和征收赋税确有必要。因此,英国贵族被请入赘法国统治阶层,同法国权贵一起说法语。这一时期,所有从事法律、政治和行政事务的英国人都会说法语。因为说法语代表精英身份,能够与说英语的普通大众拉开差距。尽管说得不地道,他们也会选择说法语,说法语本身比说什么法语更重要。这种不地道的法语就是巴黎法语派生的盎格鲁 - 诺曼法语(Anglo-Norman French),以及由盎格鲁 - 诺曼法语进一步再派生出来的"法律法语"(law French),即 13 世纪英国王室高级皇家法庭所用具有鲜明法律专业词汇的特殊领域法语(Ormrod,2003)[753]。

第二,语言和权利。法国诺曼王朝统治下的英国,国家主权丧失,国民母语权利丧失。母语权利是世界公认的语言权利,包括母语学习权、母语使用权和母语研究权。语言权利包括个人的语言权利和群体的语言权利,牵涉公民的生存权和发展权,维护公民的语言权利十分重要(李宇明,2008)[24]。对于语言权利的维护,理论上和实践上应该放在两个层面上进行:立法层面和司法层面。然而,在这段历史时期,作为被征服的国家,英国民众显然不会获得立法和司法层面上母语选择的权利。虽说这一时期,法语和英语相互交融,许多古英语词汇消失,大量法语词汇被英语吸收融入英语发音、结构和拼写,英语和法语在语言上具有统一关系。然而,英语和法语在政治上是对立的,对于法国统治者来说,说英语是策略,对于英国民众而言,说法语是语言身份缺失或迷失的表现。比如《坎特伯雷故事》总序中女修道院长就爱说这种法语。这是她在伦敦东部郊区修道院里学习的法语,对于巴黎法语她却一概不知(Chaucer,1987)[25]。

除了国家主权颠覆、官方语言变更,宗教也继续钳制普通大众对于未知世界的探索和行为道德的普遍认知。自 5 世纪起,罗马天主教和拉丁语便影响着日耳曼民族的宗教和文化。拉丁语既不

是英国本土语,也不是活的语言,但却在英国流传甚广。拉丁语是
经典作家、中世纪学者和教会使用的权威语言,且大多为男性使用
(因为女性很少有机会接受学校教育),是一种为"后人"记载、用于
"表达持久不变解决方案"所用的语言(Dodd,2012)[258],比如特许
证书和法庭判决等。拉丁语对英语持续产生影响,不仅因为它是
英国人在宗教影响下的语言选择,还是拉丁文化长期影响的结果。
如果说法语对英语的影响是政治和时代的产物,那么拉丁语对英
语的影响是历史和宗教双重作用的结果。法语是涉及国家政治经
济重要事务使用的语言,拉丁语是宗教社会、学校教育以及书面文
件最常用的语言。英语虽是本土语言,拥有最广泛的群众基础,但
受到国家政治、经济和宗教场域影响,英语作为民族语的生存空间
被挤压,语言社会存在严重的民生问题。此外,从语言本身来看,
此时的英语尚未统一,地区差异明显,不利于文化统一。在强大的
法语和拉丁语影响下,英语作为母语和民族语陷入发展困境。

  第三,语言和认知。面对法语和拉丁语强加的认知锁定,正确
的语言选择至关重要。比如,中世纪晚期民族诗人杰弗里·乔叟
(Geoffrey Chaucer,1340? —1400),对于母语的选择符合国家利
益和民众对于语言的认同。乔叟幼年时期接受过良好教育,学过
拉丁文法、神学和维吉尔等罗马诗人的经典作品(Crow,1987)
[xvii];青年时期在王室当差,在英国伦敦培养律师的内殿律师学院
(Inner Temple)接受过专门培训(Crow,1987)[xviii];做过长达 12 年
之久的关税总督,以及多年的国王文书;译过法语《玫瑰罗曼史》
(*Romance of Rose*)和拉丁语《哲学的慰藉》(*Consolation of*
Philosophy)。这些经历表明乔叟对于法语和拉丁语十分熟悉,事
实上,乔叟同时代的好友约翰·高尔(John Gower,1330? —
1408)就分别用法语、拉丁语和英语创作了《沉思者之镜》(*Mirour*
de l'omme,1376—1379)、《呼号者的声音》(*Vox Clamantis*,

1382)和《情人的忏悔》(*Confessio Amantis*,1390)。然而,与高尔等同时期作家不同的是,乔叟以英语创作为自己的根本,是"第一个奠定英国新的文学语言的始祖"(方重,1995),开创了英语古典诗歌的先河,被后人赞誉为"英语诗歌之父"。乔叟的历史地位和乔叟英语所获得的高度评价是时代不断建构产生的,乔叟英文作品的价值以及乔叟在民族语言文化传承中占有的重要地位是个人、时代和历史多重作用的结果。

第四,语言和制度。随着英国民族语言文化传播,英国民主意识提升,民族意识随之觉醒,与国家认同相统一的社会规则应运而生。英法百年战争(1337—1453)期间,在维护国家主权和民族统一的声讨下,14世纪下半叶,英语已经开始与拉丁语和法语同时出现在书面行政事务中。1362年以法语撰写的法庭辩护法令颁布,英语替代法语成为法庭和议会语言,英语官方语言的地位得到恢复。1385年英语成为英国官方教育用语。从1350年到1400年,英国民众对于民族语言的拥护和支持愈加高涨,英语完全被社会接受,其主体地位已经不断显现。随着国家政权和语言制度的回归,英国民族语言从与拉丁语和法语同台到脱颖而出,众多优秀的民族文学作品涌现,如《坎特伯雷故事》、《情人的忏悔》、《农夫皮尔斯》(*Piers the Plowman*)、《高文爵士和绿衣骑士》(*Sir Gawain and the Green Knight*)、《珍珠》(*The Pearl*)等。乔叟、高尔和朗格兰(William Langland,1332?—1400?)等为首的一批英国民族作家开始了史上"伟大的独立作家的时代"(Period of Great Individual Writers,1350—1400)。与此同时,伴随经济发展和人口迁移,英国地方方言从低层阶级语言向高层阶级语言迁移,从差别迥异到互相融合,最终以文学性的伦敦地方方言为基础的早期现代英语雏形得到确立,形成民族语言团结统一的强大趋势,为英国经济文化复兴蓄力。

第五,语言和技术。技术革新是社会发展的动力。新技术的广泛使用,极大地促进了语言传播的广度和力度。卡克斯顿将印刷机引入英国以后,英国民族文学和宗教白话文得到更快出版。在印刷图书影响下,英国本土作品传播速度急剧加快,图书种类不断扩大,读者数量急剧增加,英语白话文学蓬勃发展,促进了英语句法、文法的统一和民族语言的标准化。卡克斯顿,作为英国第一个印刷商,常被英国人称为莎士比亚之前对英语影响最大的人。这种褒奖就是对他引进印刷术的巨大作用给予的认可和赞赏,并从侧面反映出技术革新给文字文化传播带来的革命性影响。印刷术的革新、印刷厂的建立和印刷图书的推广,极大增强了英国本土作品和民族文学传播力度,发挥了英语作为民族语言的主体性,在语言普及、文化统一和社会教育中实现主宰,维护英国民族的核心利益。经印刷出版的英国民族文学作品和书籍不仅深刻影响了英语标准语统一和英国文化共同体的形成,还对早期文学作品保存、英国民族语言阅读写作产生了重要影响,推广了白话文礼拜仪式,促进了社会宗教改革,有力推动了英语语言的文艺复兴。

归纳总结英国民族语言走出困境、实现复兴的历史,可以得出以下重要结论。

第一,主权独立、制度制定是民族语言发展的政治前提,单边霸权和文化殖民并非长久之计。在国家崛起的路上,历史提醒人们要始终牢记国家独立、民族团结和人文主义的要义,宗教改革以及具有民族自觉自省意识的语言选择和创作是对地域方言内读者的尊重和期待,对本土语言和文化的认同和支持,这种文化认同是民族语言形成的核心力量。远在他国执政的法国政府,因为缺乏文化土壤,凌驾在英语之上,最终被英国本土语言所取代。不论盛极一时的希腊语,还是拉丁语,也最终都被"贫乏"的各国本土语所取代。因此,毋庸置疑的是,语言与民族的发展休戚相关,离不开文化土壤的滋养。语言是大众的,是自下而上的,"语言与说它的民众一起出现、变化、产生差异、成长、成熟和消亡"(Burke,2004)[23]。因此,坚守民族语言文化的主体性是民族语言走出危机、发展壮大的根本前提,人民群众对于民族语言文化主体作用的发挥必不可少。

第二,认知、制度和技术是民族语言形成和发展的核心要素。认知是基础,属于社会意识形态,由国家核心利益决定;制度是保障,属于规则约束,对语言的权利和义务进行约定;技术是条件,属于方法途径,是民族语言发展的技术手段。总体而言,中世纪英国民族语言的发展和统一离不开政权回归、制度规定、经济发展和技术进步,以及民族语言文化自觉自主意识下的集体认知。中世纪晚期,独立自主的民族语言政策、和平稳定的政治环境,促进了社会经济的发展、新兴商业的形成、社会人口的迁移和地域间的文化交流。在此基础上,南北方言逐步融合,东西部差异日益统一。因此,标准英语的形成是政治、经济和文化共同发展的结果。此外,印刷术的革新、教育的普及推动了英国民族语言文化传播,促进更能满足社会文化发展需求的社会及其制度的产生。总之,民族团结、文化统一,加之技术革新和社会制度的推波助澜,为英国民族语言走出历史困境、走向复兴积蓄了蓬勃的发展力。

第三,殖民影响下的民族语言势必会因其殖民或被殖民的历史产生深刻变化,民族语言在多元文化接触中进化演变、凝聚合力。英语在三语期的特殊历史阶段,从被征服者的语言逐步发展成为英国民众统一的民族语,完成了对法语、拉丁语的借鉴和超越。横向上英语对于法语和拉丁语的借鉴、包容和融合成就了纵向上古英语到中古英语的蜕变,诺曼法语和拉丁语也成了中古英语血液里的一部分,为英语从中古英语到现代英语的发展奠定了重要基础,促进了英语语言规则的简化,实现了英语从分析性语言过渡到综合性语言的关键性一步。从这一角度而言,凡是符合国家核心利益、能够普适大众的民族语言,哪怕是对于被统治、被殖民过的国家而言,只要能够摆脱政治束缚,保障语言权利,获得技术进步,就能重获生机,在多语言接触交流的历史和现实中吸收利益,壮大自己,形成合力,生成国家民族共同认可的文化价值理念,推动强大国家的诞生。

追溯英语走出困境走向复兴的历史,批判、借鉴英语从民族到世界的发展经验,归纳总结民族语言发展核心要素,辩证看待民族语言发展危机和语言接触交流历史,能够为中文走出国门、服务国内外社会发展提供借鉴。目前,民族语言应如何应对以英语为主导的国际社会已经成为当前社会的热点。毋庸置疑,答案包含两个方面。一方面,对外,己所不欲,勿施于人。批判任何语言文化意识形态领域的帝国主义,反对语言帝国主义对其他民族语言带来的剥削和不平等,提倡多元文化共生的世界语言环境,倡导多语言接触、融合和包容,共同解决世界语言发展难题。另一方面,对内,韬光养晦,苦练内功,提升国家语言实力和民族语言服务能力,解决好民族语言保护与经济发展、价值认同与社会流动之间的矛盾。同时,内外兼修,在对外文化交流传播方面,改变中外交流中的文化赤字现状,解除民族语言发展路径依赖的锁定现象,为中国式现代化进程注入源源不断的新质语言生产力。

2.2.4 "认知—技术—制度"三维一体民族语言能力建设

民族语言制度演进以及语言服务能力明显受制于社会主流意识形态、科学技术发展水平和语言制度影响,同路径依赖理论中认知、技术和规则的形成机制不谋而合。具体说来,在规模经济、学习效应、协调效应以及适应性预期和既得利益等因素的影响下,现今世界的语言制度可能会沿着既定方向不断自我强化（杭行，2016）[110-118]。英语通用语背景下，受路径依赖影响，英语的国际地位，在规模经济、学习效应、协调效应、适应性预期和既得利益的影响下，已经得到不断强化，并以英语为主导的西方中心主义的惯性思维处理与其他民族之间的事务。其他民族语言的发展是进入良性循环，还是锁定状态，这取决于民族语言在认知、技术和制度三方面的决策和发展。这部分笔者将着重探讨认知、技术和制度三方面民族语言能力建设问题。

在此之前，厘清中英两种语言发展的不同路径，获得全局意识，把准我国民族语言发展方向，也很必要。着眼于历史，对比中英语言发展历程，我们不难发现英语起步晚，充满殖民色彩，既经过了中世纪被侵略的历史，又包含了近现代侵略他国的历史。相较于英语，古代汉语历史悠久，光辉璀璨，近现代汉语，久经磨难。具体说来，古汉语时期，东汉文字学家许慎的《说文解字》勾勒了汉字形体流变总体脉络，对汉字的音、形和义做出解释，说明汉字词语所代表的含义，介绍上古时期人们对于自然和社会的认识。17世纪清代汉学开山之祖顾炎武，博闻强识，考辨精深，所著《日知录》和《音学五书》奠定了汉字古音学的基础。清初阎若璩所撰《尚书古文疏证》是汉学发轫时期重要的代表著作，其严密考证的态度正是汉语朴实文风的鉴证。清代文字训诂学家段玉裁，精于校勘，所著《说文解字注》《六书音均表》《古文尚书撰异》等都是汉语文字研究的杰作，是古代汉语臻于完善的标志。与辉煌璀璨的古代汉语比起来，现代汉语"从晚清效仿日本明治维新的'言文一致'运动开始，汉语经历了'五四'白话文运动，推行世界语、汉字的拉丁化、语言大众化和中华人民共和国成立后的繁体字简化方案，80年代的电脑化挑战"，以及数智技术驱动下传媒和传播的改变，"现代汉语严重欧化"，"母语的自信心和自觉意识不断衰微"（朱竞，2005）。

如今遭受网络语言和传媒技术的强力冲击,中文在世界的影响力有限。总体而言,自古至今,中文的发展历经从形到音、从文言到白话的发展道路,大致可分为五个阶段:汉代,汉字形体流变总脉络形成;清代,汉字音韵和韵部研究奠定基础;"五四"运动以来,白话文时代开始,白话文取得合法正统地位;中华人民共和国成立后,汉语简化,普通话推广,汉语拼音系统确立;21 世纪以来,我国进入汉语服务国内外发展需求的新阶段(表 1-2-1)。

表 1-2-1 中英民族语言发展阶段对比

阶段	英 语	汉 语
第一	古英语(1066 年诺曼征服以前)	汉字形体流变总脉络形成(汉代)
第二	中古英语(1476 年印刷机引入前)	汉字音韵和韵部研究形成(清代)
第三	现代英语 早期(文艺复兴和启蒙运动) 晚期(工业革命和海外扩张)	白话文取得合法正统地位("五四"运动以来)
第四	帝国英语(垄断资本主义时期)	汉字简化和拼音系统确立(中华人民共和国成立后)
第五	世界通用语时期(第二次世界大战后)	汉语的国际化发展(21 世纪以来)

当前我国民族语言发展既面临机遇,也充满挑战。随着我国经济发展,政治地位提高,汉语在全球的影响力不断上升。与此同时,国际形势的发展促使英语发生新转向:英语从学习讲解的"对象"成为讲解他国的"媒介"。英语已不再是"不容置疑的福音",而是传播包括中文在内其他民族语言文化的"媒介"(Lo Bianco et al.,2009)。单语文化弊端已经显现,在全球范围内,民族语言出

现"以语言文化传播深化文明交流互鉴"的新趋势（姜国权等，2024）。前文提到的斯坦-史密斯在《美国外语赤字：全球化世界保持竞争力的策略》中就明确指出美国外语赤字影响其有效领航全球化的世界和面对多文化和多语言的社会，不利于美国理解、感知和体验他国文化。此外，英语作为媒介语必然带来一个现象，那就是其他民族语言文化内容不断增加，英语语言文化内容同比下降。毋庸置疑，当世界人口最多的国家说英语时，随着中国区域内英语的发展，中国语言文化必定会同步得到彰显。

然而，与此同时，相比较现代英语在国际作为通用语的传播现状，中文在世界的传播使用占比明显不足。网络传播时代，交际语言90％以上是英语，中文只占到不足1％的份额（梅选智，2013）。中文虽然是世界上使用人口最多的语言，但是国际上中文使用份额不足。在世界性会议等正式场合，中文很少作为官方语言使用。西方人还会对表意功能的汉字产生误解和偏见。比如，汉森在《中国象形文字和西方观点》（*Chinese Ideographs and Western Ideas*）一文中，指出西方对于中国"象形文字"存在两种截然不同的观点，分别是被称为"象形文字专家（ideographers）"的友好派和被称为"禁止论者（prohibitionists）"的反对派。前者赞同接受中国人自己的语言观；后者认为中国人的语言观"令人费解""不切实际""难处理"和"混乱糊涂"，并最终以汉字的不同上升为"道德上不可接受"的理由（Hansen，1993）。此外，英语通用语背景下，其他民族语言面临一个共同的国际民生问题：民族语言使用和向上流动之间存在矛盾。比如，为融入主流社会，许多华裔移民选择说主流语言或成为基督徒。在美国，中文是第二大继承语，但受到美国政府语言同化政策影响，华裔移民面临汉语继承语保持与传承的困境。据统计，只有40％华裔二代移民能熟练讲中文，到第三代移民这个比例快速下滑至10％（Portes et al.，2006）。大多数华裔二代只能听懂中文,却不愿或不会说中文(刘丽敏,2019)。在德国,华裔移民会陷入为保留中国文化身份而成为基督徒的悖论之中(Yu,2021)。

面对英语语言帝国主义影响,着眼全球,在我们重启民族语言从民族走向世界的发展道路之时,国内学界已经取得普通共同的认知,认为首先要摒弃语言帝国主义思维,追求多元多极化的国际新秩序,才能解决人类共同面临的语言民生、语言资源和语言权利问题。首先,应该更加关注语言作为资源的属性以及语言多样性的价值问题,保护并开发民族语言资源的多样性,批判性学习发达国家语言推广经验,制定国际中文推广方针政策(张西平等,2006),拓展中外语言文字交流与合作,促进民族语言创新发展。其次,发展民族语言服务新概念,全方位界定跨语言、跨文化信息转化服务与产品以及相关研究咨询、技术研发、工具应用、资产管理、教育培训等专业化服务,从专业、行业、产业和职业四方面开展国际中文服务,满足国内外发展需求,为我国民族语言政策、语言教育、语言技术、语言传播和语言外交等民族语言发展提出建议,提升民族语言参与构建国际新秩序的能力(郭晓勇,2010;张治国,2014;屈哨兵,2016;赵世举等,2016;沈骑,2016;罗慧芳等,2020;王立非,2021;司显柱,2021;李现乐,2022;方小兵,2023;《中国语言服务业发展报告》编写组,2020)。此外,强调民族语言文化的主体性,深切关注民族语言政策、认同、变迁、保护、融合以及文化主权、政治安全,探讨英语传播、政策及演变对国家文化主权、民族传统文化和国际语言教学带来的影响,提出并研究"中国英语""中国语言国情知识体系建设"等新课题(贺芸等,2004;曹杰旺,2005;牛强等,2008;王向豫,2014;杨文雅等,2014;周宣丰,2017;唐凤华,2020;冯智文,2020;马东等,2021;于倩,2021;衡清芝,2022;韦钰,2022;张先亮等,2023;沈骑等,2024)。

当今世界处于百年未有之大变局中,我国民族语言的发展既需要顺应多极多元国际社会发展趋势,也需要满足实际国情的发展诉求。目前中国是世界上邻国最多的国家,紧邻的国家有 21 个,近邻的国家有 8 个,共有 29 个周边国家,涉及千种语言,是世界上语言分布最复杂的地区之一。民族成分复杂,语言数量庞杂,既有国家通用语、少数民族语言及方言,还有与周边国家跨境使用的跨境语言。从政治到经济,中国周边外交步入全面发展期,中文已经成为继英语之后的第二大外语,语言的战略价值日益凸显(《中国语言服务业发展报告》编写组,2020)[85-87]。新国际背景下,尤其是"一带一路"合作倡议提出和开展以来,民族语言能力建设和服务提升变得尤为重要,需要加快并完成"从语言服务大国到语言服务强国的转变"(王立非,2021)。

面对民族语言国际化发展新趋势,结合学界已有成果,本文依据路径依赖理论,在批判借鉴英语语言发展史的基础上,提出"认知—技术—制度"三维一体民族语言能力建设理论模型,建议通过认知转变、技术革新和规则制定为主的核心举措,解除我国民族语言能力发展的困境锁定,为民族语言能力建设提供理论指导和决策咨询,具体如图 1-2-2 所示。

目前全球范围内,民族语言能力发展面临同样的困境,主要表现为单语化认知锁定、单向度规则锁定和数智化技术锁定三方面。

第一,单语化认知锁定。随着全球国际化合作交流的推进,世界需要多语文化思维和越来越多懂得其他国家语言的双语和多语人才。虽然英语作为国际通用语在一定程度上促进了国际合作交流,但是长此以往,一语独大的国际社会已经滋养了以英语为主体的单语思维,形成了错误的"唯英语、标准英语优先"的单语化认知,这与多语多极多边的国际交流合作趋势相悖,并且在很大程度上损害了弱小民族的国家利益,并致使国际语言资源宝库中的语

图 1-2-2 "认知—技术—制度"三维一体民族语言能力建设模型

言储值锐减,丧失部分文明记忆,损害人类共同利益。

第二,单向度规则锁定。由于单语化认知的存在,国际社会存在不同程度的单向度规则设定,具体主要表现在三方面:英美主流意识形态下对于国际事务和政策处理上的"双标";在处理贫困、饥饿、环境污染等国际民生问题,以及干涉他国内政上体现出来的"本国优先";英语作为通用语凌驾于其他民族语言之上,成为社会向上流动的社会条件和重要资本,损害了最广大的基层和底层人民的利益,提升了民族语言传播推广的难度。单向度规则的制定和实施为英语外其他民族语言文化发展、人才流动和实力提升带来了不利影响,拉大了国家地区间的贫富差距,影响国际社会的公平正义。

第三,数智化技术锁定。网络和计算机是西方的发明,使用西方语言特别是英语最为便利,但也造成了对英语之外的语言在技术上和事实上的歧视,并使多数语言边缘化。在规模经济、学习效应、协调效应以及适应性预期等因素的影响下,别国语言和技术很难打破已有的垄断格局,取得与英语同等的地位。另外,在既得利益驱使下,英美主流国家对其他国家不断制裁、打压和施压,迫使其他国家放弃自主研发和技术掌控能力,依附于西方势力,加剧并进一步恶化了欠发达国家地区和弱小民族的生存环境。

面对民族语言能力发展过程中的单语化认知锁定、单向度规则锁定和数智化技术锁定,针对我国民族语言能力建设,本文提出的具体建议如下。

第一,认转变知,保护语言资源。语言是影响社会交际、人类和睦的重要因素,也是人类重要的文化资源和经济资源。过去我们多把语言看成问题,主要工作也是解决语言问题。现在必须转变两点认知:一是关注和挖掘语言作为资源的属性,保存、保护和传承汉语各方言和各少数民族语言文字;二是科学保护各民族语言文字,发展好语言的多样性,开发多样化语言的文化功能,开展多样化语言文化传播活动。

第二,革新技术,打破技术垄断。发展以智能技术为代表的新质生产力,对语言服务产业进行改造、壮大和培育,重点支持处于语言服务产业链前端的科技创新环节,推动教育、科技、人才在民族语言发展建设领域建立良性循环(刘志彪,2024)。既要重视人的语言能力建设,也要重视机器语言能力建设(魏晖,2016)[8],最终在技术上摆脱对英语的依赖。新时代语言文字信息化工作主要包括两方面:一是加快语言文字信息化建设步伐,抢占虚拟空间,完善国家语言文字基础数据库(比如:国家语言监测语料库、现代汉语平衡语料库、综合性语言知识库等);二是建设全球中文学习网络平台,面向全球用户开展大规模在线自主学习(《中国语言文字事业发展报告 2017》编写组,2017;《中国语言文字事业发展报告2022》编写组,2022)。

第三,制定规则,追求公平正义。具体体现在三方面:一是关注语言制度的路径依赖问题,避免本土语言流失;二是参照历史现状,制定合理的语言教育、管理和服务制度;三是"考察立场、正义性和社会责任,为那些弱势和被边缘化的成员赋权,寻求针对语言权利的补偿措施"(方小兵,2023)[52],保障每一个公民的语言权益以及生存发展、向上流动的基本权益,建立公平公正的国际语言环境和各美其美、美美与共、合作共赢的多边话语体系。

新形势下民族语言与其他多种语言文化不断接触交流,既不推行文化殖民,也要防止西方文化的渗透倒灌,将其处理得当也是一种极具智慧的决策艺术。"认知—技术—制度"三维一体民族语言能力建设导向是一种新型外交和多元文化交流的路径,建立在世界民族语言发展视角之上,既有利于发展本国经济文化,又能促进世界和平团结。

2.2.5 新时代背景下国际中文服务方案建议

面对以盎格鲁文化为中心的种族主义和语言歧视主义,我们还需要开展国际背景下民族语言发展中的社会问题研究,化解民族语言保护与经济发展、价值认同与社会流动之间的矛盾,改变民族语言对外交流中的文化赤字现象。我们要在不遗余力地发展国民经济的同时,制定合理的语言政策,促进国家民族语言发展和文化传播,提升民族语言服务能力。

中文是世界上人口使用最多的语言,但同世界其他语言一样,中文也面临民族语言保护与经济发展、价值认同与社会流动之间的矛盾。同时,中国在对外文化交流传播方面,文化产品的进口多于出口,存在文化赤字。与中国作为一个政治经济大国的地位相比,中国文化产品在国际文化市场上的份额相对较小。制定好国际中文服务策略对化解民族语言保护与经济发展、价值认同与社会流动之间的矛盾,改变我国对外交流中的文化赤字现象至关重要。

随着我国经济发展和综合国力的提升,国际中文教育需求增加。据 2023 年全球教育智库 HolonIQ 发布的关于中文学习市场的报告来看,中文是全球学习市场增长最快的语言,预计到 2027 年,全球中文学习市场体量将翻一番,并以每年 12.1% 的复合年增长率,从 74 亿美元增长至 131 亿美元(Charles,2023)。汉语学习成为越来越多国家的需求。2021 年教育部、国家语委发布的年度《中国语言文字事业发展报告》显示,截至 2020 年底,全球共有 180 多个国家和地区开展中文教育,70 多个国家将中文纳入国民教育体系,外国正在学习中文的人数超过 2000 万(中华人民共和国中央人民政府,2021)。此外,庞大的海外华人社群是汉语学习的主力。2014 年侨办调查统计显示,全球华侨华人总数已达 6000 多万,分布在 198 个国家和地区。全球公共外交类、地域同乡类、姓氏宗亲类等华侨华人社团组织逾 2.5 万个,华语学校近 2 万所(央视网,2014)。来华留学和工作的外国人不断增多。2018 年教育部网站公布的统计数据显示,中国有来自 196 个国家和地区约 49.22 万名留学生,分布在全国 1004 所高等院校(《人民日报》,2019)。另据科技部官方统计,2018 年中国累计发放外国人才工作许可证 33.6 万份,在中国境内工作的外国人已经超过 95 万人。中国国际合作交流日益增强。中国已与 160 个国家建立科技合作关系,签署政府间合作协议 114 项,人才交流协议 346 项,参加国际组织多边机制超过 200 个(中华人民共和国中央人民政府,2019)。

国外中文研究组织也不断壮大。1968年，马提索夫(Matisoff)在美国创立国际汉藏语言学会(International Conference on Sino-Tibetan Languages & Linguistics)，首届会议在耶鲁大学举行，当时只有美国4所大学参加，提交论文18篇。2017年，第50届会议在北京举行，来自美国、法国、芬兰、日本、澳大利亚、新加坡、中国等国家和地区高校和科研院所的200余位学者参会，提交论文数百篇。北欧独立学术组织斯堪的纳维亚亚洲研究所(Nordic Institute of Asian Studies)，自1967—2023年已成功举办55届中文分科的学术研讨会和讲座，出版了研究报告和论文丛刊，在国际学界具有一定的影响力。日本东京外国语大学联合其他大学成立的校际共同研究组织——亚非语言文化研究所汉语研究部，是日本在汉语语言文化方面最有影响、最具权威的研究机构，自1956年成立至今，常年开展汉语方言、语法、词汇、民族历史文化和词典编纂研究。自2007年起，美国政府资助的大学语言项目"汉语旗舰项目(Chinese Flagship Program)"培养了大批了解中国文化并深度通晓汉语的美国学生，为美国政府预备与崛起的与中国相较量提供语言智力资源(宁巨，1978；康晓亚，2013)。

国际语言服务产业需求日趋明显。2009年，欧盟翻译总司(Directorate-General for Translation，2009)发布《欧盟语言行业市场规模报告》，提出语言服务概念，涵盖笔译、口译、字幕和培英，软件本地化和网站全球化，语言技术工具，多语言会议组织和语言教学。自2018年起，美国知名语言市场调查机构卡门森斯(Common Sense Advisory)每年都会发布《语言服务市场报告》(*The Language Services Market*)，分析全球语言服务产业发展状况和趋势，其界定的语言服务业务类型包括口笔译、本地化和技术服务。近年来，为促进语言行业在国内外的全球竞争力，加拿大语言行业协会(Language Industry Association)每年通过支持、认证和分享信息的方式,提升本国语言服务水平,发展包括翻译、语言培训和语言技术在内的语言服务产业。在线语言学习平台多邻国(Duolingo)发布的《2022 语言趋势报告》显示,中文成为全球范围内学习市场增长最快的语言。2020 年是国际中文语言教育和服务发展的转折年,全球中文语言服务产业参与到在线服务智能升级中,开发出了多种更适合外国人学习汉语拼音和汉字书写功能的软件,促进更多国际中文教育和服务新形态的形成,助力中国文化的国际传播(罗慧芳等,2020;《2022 语言趋势报告》编写组,2022)。

论及新时代背景下国际中文服务,特别值得关注的是中西方传统对于"服务"概念的理解存在差异。厘清中西方关于"服务"的概念,在很大程度上可以为国际中文服务策略研究提供新思路。据《现代汉语词典》显示,中文"服务"做动词解时,指的是"为集体(或别人)的利益或为某种事业而工作"(中国社会科学院语言研究所词典编辑室,2016);另据在线词典《汉典》所示,"服务"是"履行职务,为大家做事"(2023)。由此可见,中文"服务"蕴含为他人做事的理念,以提供劳动的形式满足他人某种特殊需要,从事有偿或无偿的活动,从中受益或者并不受益。孙中山在《民权主义》中说的"人人应该以服务为目的,不当以夺取为目的"(郭连,2022)。毛泽东提出全心全意"为人民服务"的思想,集中体现了中国对于利人、利国服务概念的基本理解和传统美德。此外,伴随工业社会出现人口向城市集中的城市化和劳动分工体系的专业化,现代社会形成了服务雇佣机构、制度以及行业。在此背景下,中文"服务"一词还广泛运用于现代服务业和国际贸易事务中,指的是"国民经济中在流通、生产生活、科学文化教育、社会公共需要等领域提供各种劳务的部门或行业"(中国社会科学院语言研究所词典编辑室,2016),或"个人或社会组织为消费者直接或凭借某种工具、设备、设施和媒体等所做的工作或进行的一种经济活动,是向消费者个人或企业提供的,旨在满足对方某种特定需求的一种活动和好处,其生产可能与物质产品有关,也可能无关,是对其他经济单位的个人、商品或服务增加价值,并主要以活动形式表现的使用价值或效用"(百度百科,2023)。总的来说,中文思维里"服务"强调的是服务的主体,注重为社会和他人提供劳动、好处和价值的目的性,体现了中华传统美德中的责任意识和奉献精神。

西方"服务"一词最早起源于古希腊语,原意是"像奴隶一样的工作"(郭连,2022)。经词源考证,英语"服务"一词主要围绕服务的需求和对象展开。据《牛津英语词典》(*Oxford English Dictionary*)所示,自有文字记载以来,从 11 世纪到 17 世纪,service 最主要的含义均与宗教有关,特指宗教仪式和服务,如葬礼、洗礼、圣餐仪式等神职服务。到了 13—14 世纪,service 出现了与英国封建等级社会相关的含义,即主仆关系中的仆役和封建庄园中的劳役。比如《中古英语汇编》(*Middle English Compendium*)显示 servisce 最初的基本义就是"以骑士或仆人身份服侍他人"。14 世纪,随着商业的兴起,servisce 一词出现新意,指受雇佣提供的服务。到了 18—20 世纪,service 更加聚焦产品和售后等商业服务,以及与银行业和旅游业发展相关的产业服务。与此同时,从 14 世纪到 20 世纪,作为民生生活的重要组成部分,service 还与餐饮和酒水服务密切相关。此外,自 16 世纪起到 19 世纪,随着英国国力的增强、航海业的发展以及海上贸易、竞争和掠夺的开展,service 派生出新的语境意义,特指军事服务。伴随英国工业革命,英国在能源、交通、医疗和电信领域取得飞速发展,service 的范围扩大,内容也发生变化,出现了更多种类的服务内容,比如 18 世纪的水、气管道服务,19 世纪的交通和健康医疗服务,20 世纪的广播服务等。综上所述,就历史传统而言,西方更加看重服务的价值回报和商业目的。

应当指出,中文强调服务的主体和主动性,英文强调服务的需求和价值回报。现代贸易中,中英文对于服务的相同理解在于,都需要提供某种帮助、好处,具有某种优势、用处,或满足某种需求,从而实现价值或收益。基于中英文"服务"概念上的差异,我们需要谨记中华民族"服务"传统美德,吸收西方服务需求意识,提升服务水平,拒绝过度关注服务收益,防范西方主流意识形态对汉语服务意识文化的"倒灌",从而丧失自主自觉服务意识、传统道德和价值观念。此外,值得一提的是,"服务"还具有"无形的""生产与消费是同时发生的""难以贮存"和"异质性"特点,因此,"服务的消费效果和品质存在显著差别","服务质量标准也十分难以确定"(王立非,2020)[1]。所以,服务水平的提升和质量监管一直是国内外服务行业发展的重点内容。

语言服务作为一种服务,既有服务的普遍性,又有特殊性。一方面,与普通服务一样,受供求关系影响,语言服务所提供的语言文化类产品和服务具有商业价值。因此,针对中文国际化语言服务,我们需要明确语言服务具体需求在哪里,才能发挥市场在资源配置中的作用,做到有的放矢。另一方面,语言服务不能简单等同于普通服务与需求之间的关系。语言的本质问题涵盖较多层面,因此发挥政府政策的引导作用也十分关键:首先,语言是一种交际工具,是文化输出、输入和交流的媒介,具有工具性特点;其次,语言本身也是文化的要素,语言是历史发展的结果和文化统一的见证,语言与国家实力联系紧密,语言也是"硬实力"(李宇明,2011);最后,语言是文化的重要载体,语言与文化密不可分,任何语言活动和行为都是文化活动和行为。语言服务离不开文化意识形态的影响和作用,以及复杂多样的语言生活坏境,因此,我们需要准确得当的话语策略和语言策划:需要对"对外宣传话语进行全面梳理,对核心词汇和相关术语进行色彩分析,进而提出对外宣传的话语策略"(张日培,2016)。由此来看,对于语言服务产业,语言服务作用的发挥与市场资源配置、语言内容选择和语言政策决策具有十分紧密的联系。

针对国内外语言服务的发展需求,国内学者王立非和屈哨兵分别就语言服务的特点、形式和层次做了专题研究。王立非强调,语言服务是以跨语言能力为核心的,针对语言服务的目标和具体行为,需要对语言服务的概念进行具体归纳和界定(2020)[7]。屈哨兵认为语言服务分为四种形式和五个层次。具体地说,四种形式是语言服务产业、语言服务职业、语言服务行业和语言服务基业,"四业"并论(2011);五个层次是国际层面的语言服务、国家层面的语言服务、族际层面的语言服务、方言社群层面的语言服务和家庭个体层面的语言服务,涉及宏观、中观和微观三个维度,既着眼全球,涵盖国家,又包含族群、社群和家庭。就国际语言服务而言,国际语言服务是为需要国际交往的个人和组织提供的外语服务,属于跨国、跨境语言服务,所使用的服务语言既包括像英语这样的国际通用语言,也包括各种非通用语言;服务内容包括外语教育和培训、语言翻译(口译和笔译)、语言咨询、语言本地化、面向对象国的外语广播、外语电视、外语报刊宣传、翻译技术工具开发等(2016)[315]。不言而喻,国际通用英语背景下,应对国家发展战略,国际中文语言服务应该包括对外和对内两个层级,以及将这两个层级打通的语言政策服务和桥梁措施,既有对外相关语言的国际中文语言服务,也有对内针对居住在国内的外国公民、入境的外国公民的语言服务,还包括促使民族语言走出去对接国际化语言环境的语言政策服务和跨境语言服务。

基于中国传统服务美德,借鉴西方服务市场化运作经验,针对服务的主体和主题,本文建议开展分类多层的国际中文服务方案,抵制英语语言传播与文化推广作为商品存在的政治投资和经济影响，坚守民族语言文化的主体性，提升国际中文服务能力。

一方面，针对国内外不同需要，围绕服务主体，分类推进国际中文服务方案，推动中文走向世界，高质量服务世界。国际中文服务主体主要指那些推动中文进行国际交往和交流的个人和组织，包括政府职能部门，国际中文教育学校、组织和教师，以及中文主播等新型主体类型，具有多元、交互、协同的特点。分类推广国际中文服务，具体指的是加强汉语国际传播、促进华文教育和推进全球话语建设，解决民族语言国际交往中的民生问题，服务国家的全球战略，参与全球语言生活治理。

另一方面，注重国际中文功能分层，围绕服务主题，多层推进国际中文服务方案。区分外交事务、国际贸易和行业领域对于国际中文发展的不同行业需求，借用中国区域英语在文化主体和英语使用方面的双重优势，统筹兼顾语言的主体性和文化的多样性，讲好中国故事，传播好中国声音，构建中国话语和叙事体系。通过国际语言服务，"助力经贸科技合作"，"促进文化交流"，"加强国际合作"，"协调周边关系"，扭转我国对外交流中的文化赤字现象（屈哨兵，2016），促进民族文化传播，增强国家语言实力，推广中国语言文化传播。

此外，为促进"一带一路"沿线国家之间的经济合作、互利共赢和共同发展，加强跨国、跨境国际语言服务能力，开拓沿线国家多语种和小语种服务，提升发展多语能力，是实现"一带一路"沿线国家语言互通的重要举措。现阶段，培养越来越多"一带一路"沿线国家语言文化的双语和多语人才，也是国际中文服务的重要内容。面对多语种、多样化、多维度人才需求，社会需要加强多层次语言人才培养，满足全球语言服务市场，提升中国国际语言服务竞争力。一是培养"精通相关外语、熟悉国际规则、具有国际视野，善于在全球化竞争中把握机遇和争取主动的"国际化外交型人才;二是培养"能够熟练使用相关外语、能担任外语翻译的"语言服务专业型人才;三是培养"能用外语进行基本沟通、能在异国他乡顺畅地生活和工作的"技能型人才(魏晖,2016)[6-7]。简言之,培养"一带一路"沿线国家多语种、高水平外交型、专业型和技能型人才是国家语言服务发展的现实需求。

2.2.6 结语

在英语通用语背景下,基于新时代背景下国际传播能力建设需要,本文结合路径依赖理论,在勾勒英语语言发展路径基础上,辩证看待英语从民族语到世界通用语发展,批判英语语言帝国主义,汲取英语民族语言发展经验,对比英汉民族语言发展路径,总结认知、技术和制度在民族语言推广和文化传播中的关键作用,提出"认知—技术—制度"三维一体民族语言能力建设理论模型,并围绕服务主体和主题展开国际中文服务策略研究,建议实施分类多层的国际中文服务方案,坚守民族语言身份的主体性,兼顾语言文化的多样性。既着眼于中国文化内核和实际,提升国际中文服务能力,又关注英语历史文化、语言接触和语言政策等问题,力求改变中外交流文化赤字现状,化解民族语言在母语保护与经济发展、价值认同与社会流动之间的矛盾,共同解决世界语言发展难题,推动"各美其美、美美与共"文化共生环境的建立。

归根结底,首先,我们需要加强推广的国际中文服务必须建立在国家安全、文化独立和语言自主的基础之上,维护民族文化的主体性。语言帝国主义影响依然存在,基于中华文明传统、文化内核和价值观念不能动摇,这是我们的文化身份、根基和基因,是不容改变的历史存在。其次,历史经验总结告诉我们闭关锁国不可行,只有批判性吸收英语等其他发达国家和地区民族语言的发展经验,加强交流合作,才能进行深度的交流互鉴,从而取得民族语言高质量发展。新时代在多极化社会发展趋势之下,如何顺势而为,做出科学正确的部署,制定合理有利的语言政策,具有非常重要的战略意义。最后,增强国家语言实力,提升国际中文语言服务能力,还需要培养具有文化自主自觉服务意识、掌握中国区域英语的双语、多语人才,能够在推广国际中文等民族语言文化外交事务中做到长袖善舞,讲好中国故事、传播好中国声音,构建中国话语和叙事体系。

此外,现有西方民族语言发展大多建立在对其他弱小民族实施的军事侵略、文化殖民和经济制裁基础之上,加之以欧洲为中心的语言思维并不利于现今多极化世界发展的趋势,并且在世界范围内给其他第三世界尤其是弱小民族语言发展带来阻碍。因此,国际中文语言服务在坚持文化主体性的基础上,还应从世界民族语言的角度展开讨论,不仅尊崇发扬自己独特的文化传统,还要致力于维护世界民族语言资源的多样性,促进世界民族语言的多样化。这是中国参与全球语言治理的责任担当和参与构建国际新秩序的大国作为。

参考文献

百度百科. 服务[OL]. (2023 - 05 - 18)[2024 - 05 - 05]. https://baike. baidu. com/item/%E6%9C%8D%E5%8A%A1/85523? fr=ge_ala.

方小兵,2014.联合国教科文组织母语观念在中国的传播与发展[J]. 琼州学院学报(4): 16 - 22.

方小兵,2023. 从话语阐释到话语规划:语言政策研究的话语路径[J]. 云南师范大学学报 (哲学社会科学版)(3): 49 - 59.

福布斯中国 Forbes China. 多邻国发布《2022 语言趋势报告》,中文在全球受欢迎迎度再次提升[OL]. (2023 - 03 - 01)[2024 - 05 - 07]. https:// www. forbeschina. com/life/63399.

国家语言文字工作委员会组编,2017. 中国语言文字事业发展报告 2017

［R］. 北京：商务印书馆.

国家语言文字工作委员会，2020. 中国语言生活状况报告2020［R］. 北京：商务印书馆.

国家语言文字工作委员会，2022. 中国语言文字事业发展报告2022［R］. 北京：商务印书馆.

郭连. 如何以良好的状态做好政协机关的"三服务"工作［OL］.（2022 - 07 - 25）［2024 - 06 - 14］. http：//www. mgnj. gov. cn/show. asp？ typeid＝2＆sortid＝15＆id＝960.

汉典. 服务［OL］.（2023 - 06）［2024 - 06 - 09］. https：//www. zdic. net/hans/服务.

姜国权，刘雪鸥. 以语言文化传播深化文明交流互鉴［N/OL］. 光明网，2024 - 05 - 05 ［2024 - 06 - 02］. https：//baijiahao. baidu. com/s？ id＝17981462075135009148wfr＝spider&for＝pc.

康晓亚，2013. 从汉语旗舰语言项目解读美国语言政策［J］. 前沿（8）：141 - 142.

李赋宁，1991. 英语史［M］. 北京：商务印书馆.

李宇明，2008. 当今人类三大语言话题［J］. 云南师范大学学报（哲学社会科学版）（40）：21 - 26.

李宇明，2011. 语言也是"硬实力"［J］. 华中师范大学学报（人文社会科学版）（5）：68 - 72.

刘丽敏，2019. 美国华裔子女汉语继承语教育现状与问题［J］. 比较教育研究（12）：51 - 56.

刘志彪，2024. 加快发展新质生产力的主要措施与产业政策转型［J］. 上海师范大学学报（哲学社会科学版）（3）：5 - 12。

罗慧芳，蒙永业，2020. 中国语言服务产业研究［M］. 北京：中国人民大学出版社.

梅选智，2013. 全球化语境下汉语被弱化的现状、原因及对策［J］. 教学与管理（4）：17 - 19.

宁巨，1978. 几个与汉语研究有关的国外语言研究组织［J］. 语言学动态：26 - 28.

诺思，2016. 制度、制度变迁与经济绩效［M］. 杭行，译. 上海：上海人民出版社.

乔叟，1995. 坎特伯雷故事［M］. 方重，译. 上海：上海译文出版社：1.

屈哨兵，2011. 产业、职业、行业、基业：语言服务"四业"并论［N］. 中国社会科学报,04-12(3).

屈哨兵,2016. 语言服务引论[M]. 北京:商务印书馆:316-318.

任洁,2021. 新时代讲好中国故事的主题、方式和主体[N/OL]. 学习强国,
2021-10-15[2024-06-16]. https://article. xuexi. cn/articles/index.
html? art_id=3714871473799224080&t=1634290681542&showmenu=
false&study_style_id=feeds_default&source=share&share_to=
copylink&item_id=3714871473799224080&ref_read_id=7c33462e-ca5c-
44a4-a932-54ecbc326a53_1718505153125.

人民日报. 中国成亚洲最大留学目的国[N/OL]. (2019-06-04)[2024-06-
03]. https://baijiahao. baidu. com/s? id=1635354662428697589&wfr=
spider&for=pc.

王立非,2020. 语言服务产业论[M]. 北京:外语教学与研究出版社:1.

王立非,2021. 从语言服务大国迈向语言服务强国——再论语言服务、语言
服务学科、语言服务人才[J]. 北京第二外国语学院学报(1):3-11.

魏晖,2016. "一带一路"与语言能力[M]//赵世举,王南津. 语言服务与
"一带一路". 北京:社会科学文献出版社:3-10.

央视网. "和谐侨社":为中国梦注入正能量[N/OL]. (2014-06-11)[2024-
06-03]. http://news. cntv. cn/2014/06/11/ARTI1402461519467567.
shtml.

张日培,2016. 服务于"一带一路"的语言规划构想[M]//赵世举,王南津.
语言服务与"一带一路". 北京:社会科学文献出版社:11-21.

张西平,柳若梅,2006. 研究国外语言推广政策,做好汉语的对外传播[J].
语言文字应用(1):39-47.

周宣丰,2017. 后现代语境下中国英语的文化政治意义[J]. 外语与翻译
(2):46-50.

中国社会科学院语言研究所词典编辑室,2016. 现代汉语词典[M]. 第7版.
北京:商务印书馆:400.

中华人民共和国中央人民政府. 逾95万外国人在中国境内工作[R/OL].
(2019-04-14)[2024-06-04]. https://www. gov. cn/guowuyuan/
2019-04/14/content_5382827. htm.

中华人民共和国中央人民政府. 教育部新闻发布会介绍2020年中国语言文
字事业发展状况和中国语言生活状况等[R/OL]. (2021-06-03)[2024-
06-03]. https://www. gov. cn/xinwen/2021-06/03/content_5615110.
htm.

朱竞，2005. 汉语的危机[M]. 北京：文化艺术出版社：2.

BENSON LARRY D ed，1987. The riverside Chaucer[M]. 3rd ed. Boston：Houghton Mifflin Co. .

BLAKE NORMAN ed，2006. The English language volume II 1066 – 1476 [M] // HOGG M RICHARD ed. The Cambridge history of the English language. 6 vols. Cambridge：Cambridge University Press.

BRUT-GFRIFFLER JANINA，2002. World of English：A study of its development[M]. Clevedon：Matters LTD：87.

BURKE PETER，2004. Languages and communities in early modern Europe [M]. New York：Cambridge University Press.

BURROW J A，THORLAC TURVILLE-PETER，2005. A book of middle English[M]. 3rd ed. Oxford：Blackwell Publishing：16.

CHARLES. 全球中文学习市场体量预计到 2027 年将增长至 896 亿元 [OL].（2023 – 04 – 14）[2024 – 06 – 03]. http://www. duozhi. com/industry/insight/2023041415087. shtml.

CHAUCER GEOFFREY ，1987. The Canterbury tales[M] //BENSON LARRY D ed. The riverside Chaucer. 3rd ed. Boston：Houghton Mifflin Co. .

CROW MARTIN M，VIRGINIA E LELAND，1987. "Chaucer's Life." Introduction[M] //BENSON LARRY D ed. The riverside Chaucer. 3rd ed. Boston：Houghton Mifflin Co. ；xv – xxvi.

DAVIS NORMAN，1987. "Language and versification." Introduction[M] // BENSON LARRY D ed. The riverside Chaucer. 3rd ed. Boston：Houghton Mifflin Co. ；xxix – xlv，xxx.

DODD GWILYM，2012. Trilingualism in the medieval English bureaucracy：The use-and disuse-of languages in the fifteenth-century privy seal office [J]. Journal of English Studies，51(2)：253 – 283.

EBRHARD，DAVID M，GARY F SIMONS，CHARLES D FENNING eds，2024. Ethnologue：languages of the world[DB/OL]. 27th ed. Dallas，Texas：SIL International. [2024 – 05 – 05]. http://www. ethnologue. com.

FISHMAN JOSHUA A，ROBERT L COOPER，ANDREW W CONRAD，1977. The spread of English：The sociology of English as an additional language[M]. Rowley，Mass. ；Newbury House Publishers：118.

FREEBORN DENNIS，2015. From old English to standard English［M］. Shanghai：Shanghai Foreign Language Education Press.

HANSEN CHAD，1993. Chinese ideographs and western Ideas［J］. The Journal of Asian Studies，（2）：373 - 399.

LO BIANCO JOSEPH，JANE ORTON，GAO YIHONG ed，2009. China and English Globalization and the Dilemmas of Identity［M］. Bristol Buffalo Toronto：Multilingual Matters：x.

MLIBRARY：Middle English Compendium. servisen［DB/OL］.（2023 - 12）［2024 - 05 - 05］. https：//quod. lib. umich. edu/m/middle-english-dictionary/dictionary/MED39596/track? counter = 1&search _ id = 70868270.

MOWBRAY JACQUELINE，2012. Linguistic justice：International law and language policy［M］. Oxford：Oxford University Press：8.

NORTH C DOUGLASS，1990. Institutions，institutional change and economic performance［M］. Cambridge：Cambridge University Press.

ORMROD W M，2003. The use of English：Language，law，and political culture in fourteenth-century England［J］. Speculum，78（3）：750 - 787.

Oxford English Dictionary. service［DB/OL］.（Data Revised 2021）［2024 - 05 - 05］. https：//www. oed. com/search/dictionary/? scope = Entries&q = service.

PENNYCOOK ALASTAIR，2013. The cultural politics of English as an international language［M］. London and New York：Routledge.

PHILLIPSON ROBERT，2000. Linguistic imperialism（语言领域的帝国主义）［M］. 上海：上海外语教育出版社.

PORTES A，RUMBAUT R G，2006. Immigrant America：A portrait［M］. Berkeley，CA：University of California Press：77 - 78.

RICENTO THOMAS ed，2015. Language policy and political economy：English in a global context［M］. Oxford：Oxford University Press.

SCHULTZ LYNDSIE MARIE，2019. Book review：The cultural politics of English as an international language［J］. International Multilingual Research Journal. 13（1）：70 - 72.

STEIN-SMITH KATHLEEN，2016. The U. S. foreign language deficit：Strategies for maintaining a competitive edge in a globalized world［M］. Palgrave macmillan：v.

TROIKE R C，1977. The future of English[J]. The Linguistic Reporter，19 (8):2.

VAN PARIJS PHILIPPE，2011. Linguistic justice for Europe and for the world[M]. Oxford：Oxford University Press：31.

YU YINGYANG，2021. Becoming christian to remain Chinese[J]. Asian Ethnology，(2)：413-430.

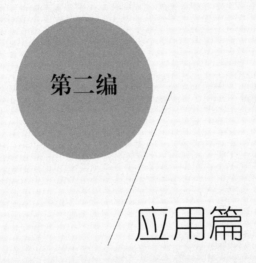

第二编

应用篇

3 新时代国际传播实践及其人才培养

3.1 构建教学评用闭环,服务高校国际传播人才培养

任 佼[①]

摘 要: 当前,我国高校外语教育在大力加强国际传播人才的培养。外语教学与研究出版社作为一家以外语教育出版为特色的综合性文化教育出版机构,以"岗课赛证"四位一体模式,为高校培养国际传播人才提供一体化支持。"岗"是为高校提供实践平台,深化实战体验;"课"是在教学资源的建设中,注重多元知识体系的打造和实践技能的培养;"赛"是鼓励学生参与专业竞赛,促进综合能力提升;"证"是指为学生提供考试认证体系,增强学生就业竞争力。这一创新体系旨在助力高校优化人才培养体系,为学生成为具备国际传播能力的优秀人才奠定基础。

关键词: 国际传播能力;教学资源;实战实训;人才培养

3.1.1 实施背景

我国高校外语教育强化国际传播能力培养不仅是响应国家战略、适应国际舆论格局变化的必然选择,也是创新外语教育模式、服务地方与产业发展的迫切需求。

当下中国的国际传播并不缺少故事,其痛点在于国际传播人才短缺,无法把中国故事、中国智慧、中国方案宣介出去。国际传播人才要以国际能听懂、能理解、能认可的方式讲好中国故事,就应了解国际和国内形势,具有家国情怀和全球视野,具备良好的语

---

① 任佼,外语教学与研究出版社国际人才发展中心副总经理,副高级。

言沟通能力、跨文化意识和能力，并具有坚定、正确的政治立场和方向。无论挖掘传播定位、建构传播体系、策划传播方案、确立传播方法、建立传播渠道，还是在国际交往场合开展国际传播，都需要有充足的职业经验和社会经验，从而调动经验、语言和知识，综合应对挑战、表达观点、贡献方案，这对于采用以语言、文学、文化为主的外语教学的大多数高校来说，是一个需要解决的现实难题。

为帮助高校外语教育教学转型创新，真正培养国际传播人才，外语教学与研究出版社（简称"外研社"）更新人才培养体系，以"立足中国、沟通世界"为理念，以"岗课赛证"四位一体为特色，为高校系统培养国际传播人才提供全方位解决方案。"岗"是指为学生提供实习、就业岗位，以及创设真实情境下的实践实训平台，使学生置身于实战环境，沉浸式体验并熟练掌握实务操作，切实提升国际传播能力。"课"是指研发涵盖多元知识体系与实践技能的课程体系，同步配套教学资源，支持课堂教学瞄准实际需求，提升学生专业素养。"赛"是指举办专业赛事，鼓励学生积极参与，以赛促学、以赛促教、以赛促建、以赛促改。"证"是指为学生提供以国际传播为考查目标的考试认证体系，增强学生的就业竞争力和实践能力，助力他们走上实际工作岗位。

3.1.2 主要做法

第一，"岗"方面。外研社以运营的国际人才英语考试（简称"国才考试"）为抓手，与众多企业建立联系，将持证考生输送到实际工作岗位上，让他们亲历国际交流实践，获取一手实践经验（图2-3-1）。

例如，外研社曾带领大学生以嘉宾身份，参加了在纽约举行的中美商业领袖圆桌会议和在波士顿举行的哈佛中国论坛，使他们在国际对话的舞台上与世界前沿思想碰撞交融。外研社还为学生提供了中国国际中小企业博览会的实习岗位，让他们观摩中外企

强调实战
实习、就业岗位
实践实训平台

服务教学
系列教材
课程体系
微专业

科学认证
国际人才英语考试

专业竞赛
"外研社·国才杯"国际传播短视频大赛
"外研社·国才杯""理解当代中国"
全国大学生外语能力大赛

图 2-3-1 "岗课赛证"四位一体模式

业之间的合作交锋,与外籍企业家进行面对面交流,了解国际经济动态,介绍中国经济形势,积累实战经验。同时,外研社还设计了国才就业竞争力实践营,以"理论课程＋实战演练"模式,邀请实务部门的实践工作者授课,让学生充分了解外交、外事、外宣等涉外任务的工作环境、工作内容、工作要求,并通过模拟执行涉外工作任务,提升国际事务处理水平,使其具有实战能力。

第二,"课"方面。外研社发挥外语教育资源建设优势,在教材研发、课程体系、专业建设各个方面,为高校培养国际传播人才提供支持。外研社于 2022 年推出高等学校"理解当代中国"系列教材,涵盖英语、俄语、德语、法语、西班牙语、阿拉伯语、日语、意大利语、葡萄牙语、韩国语 10 个外语语种及国际中文,教材选材主要出自《习近平谈治国理政》。外研社还以教学资源建设、师资培训等方式,帮助院校使用该系列教材开课,扎实推进"三进"工作,培养学生了解中国特色话语体系,用中国理论解读中国实践,提高向国际社会讲好中国故事的能力。目前,系列教材已出版 10 个语种 39 本教材,全国高校开设了 6000 余门"理解当代中国"系列课程。此外,外研社还策划了《跨文化国际传播英语教程》《英语畅谈中国文化》《全球胜任力英语教程》等一系列专门针对国际传播能力培养而设计的教材。以《跨文化国际传播英语教程》为例,该教材聚焦中国传统文化、扶贫减贫、人类命运共同体等时代热点议题,每个单元下设跨文化思辨、西方传媒、中国故事三大模块,引导学生理解中西文化差异,辨别西方媒体对中国存在的误解、偏见及其成因,理解中国发展成就、文化精髓、价值观念及制度优势。

除了教材,外研社还推出了"国际传播"微专业。微专业以国际传播案例分析为特色,借助虚拟仿真实践,浸入实际场景、解决实际问题,内容采用"6＋1＋1"模式,即"6"门核心课程、"1"个系列行业专家讲座及"1"个国际传播虚拟仿真实训实践项目。"6"门核心课程包括公共关系与战略传播、新闻采写与摄影、视听节目制作等国际传播必备核心技能的课程;"1"系列行业专家讲座邀请媒体行业领域资深从业专家结合工作实际案例,开设讨论;"1"个国际传播虚拟仿真实训项目则通过虚拟仿真技术,带领学生"走出中国看中国",让学生对新一轮全球化进程中中国的角色、机遇与挑战有更清晰的认知。此外,外研社还将微专业的优秀学生推荐至知名传媒机构单位实习。

另外,外研社还为众多高校和数万名大学生提供了丰富多元的国际传播类课程。以与郑州大学合作的"国际化人才与国际胜任力小学期课程"为例,外研社邀请了联合国开发计划署中国国际扶贫中心、联合国工业发展组织碳中和全球促进中心、中国国际问题研究院亚太研究所、新华社等权威机构的专家学者走进课堂,为学生授课、指导,展开深度交流,帮助学校培养具有全球视野和跨文化传播能力的高素质人才。

第三,"赛"方面。外研社为服务国际传播,于 2021 年 7 月推出"外研社·国才杯"国际传播短视频大赛。大赛围绕"传统文化""当代中国""党的领导""中国精神"等领域设定主题,鼓励大学生在自媒体平台用外语讲述中国故事,以生动自然的方式对外传播中国声音。目前,大赛已连续举办三届,每届有 1 万余名大学生参与;有多所院校,将大赛融入外语课堂教学。尤为引人注目的是,以大学生为主体创作的、以使用外语生动讲述中国故事为核心内容的短视频作品,在新媒体平台上引发了强烈共鸣。这些作品的累计播放量已达 2400 万人次,这一数据有力证明了大赛已激发更多的大学生,从当代中国青年视角,以富有创意与感染力的新方式,让世界倾听中国的声音,感知中国的魅力。此外,为进一步推动"三进"工作、创新课程思政、服务国际传播,外研社于 2023 年,将具有 20 余年历史的"外研社·国才杯"演讲、写作、阅读大赛升级为"外研社·国才杯""理解当代中国"全国大学生外语能力大赛(图 3-3-2),使得大赛不仅是一个展现青年大学生外语能力的竞技场,更是一个检验"三进"成效、培育高素质国际传播人才、服务教育强国建设的练兵场。2023 年,全国 1333 所院校的 97.5 万人次大学生参与了大赛。

图 2-3-2　2023 年"外研社·国才杯""理解当代中国"
全国大学生外语能力大赛现场

第四,"证"方面。外研社运营的国才考试重点考查国际化人才应具备的核心素养——英语沟通能力(图 2-3-3)。国才考试是我国本土研发的一项考试体系,注重立德树人、培根铸魂方针的落实。在设计考题时,外研社特别关注家国情怀的塑造和中国故事的传播。例如,国才考试的一个考题,是要求考生宣介

图 2-3-3 国才考试重点考查国际化人才应具备的核心素养——英语沟通能力

一门中文课程,考生完成这个任务,其实就是国际传播的一种锻炼,其须对博大精深、源远流长的汉语有深刻的理解、深厚的热爱,对汉语在国际的地位、汉语正在加快走向世界的步伐这一现状有一定的了解。中国功夫、春节等中国文化和"一带一路"、抗击新冠肺炎、扶贫、5G 信息技术等国家事件融入考题的案例比比皆是。与此同时,外研社还聚焦国际交往场合的交流。国才考试的考题是一个个国际交往场合的真实、典型任务,如"谈判决策""撰写报告""焦点论辩""时评分析""要事评论"等,通过任务场景、身份、目标的设定,为考生国际传播能力的提升搭建真实舞台。例如,国才考试的一个考题,是要求考生以中国国际电视台记者的身份,针对美国试图通过发起中美贸易战来应对或解决中美之间矛盾的做法予以批驳。

3.1.3 成果成效

岗、课、赛、证四个维度并非各自孤立运作,而是以国际传播人

才培养这一核心目标为导向,将岗位实践、教学资源、赛事活动与考试认证四大模块有机融合,共同构建成完整且闭合的人才培养体系。该模式因其全面的资源整合、多元的实践途径、多语种的知识覆盖,得到全国众多高校的积极响应与深度参与。目前,已有包括北京林业大学、西南交通大学、西安外国语大学在内的100多所高校,与外研社共建国际人才培养基地,将"岗课赛证"模式融入学校的人才培养。

3.1.4　经验总结

分析"岗课赛证"模式获得高校认可的原因,总结起来主要有三点。

一是理念明确。"立足中国、沟通世界"的理念贯穿整个体系,既强调对中国故事的理解与传播,又注重国际视野与跨文化交流能力的综合培养,符合新时代对国际传播人才的需求。

二是体系完备。"岗课赛证"四维融合,涵盖了岗位实习、课程教学、技能竞赛、资格认证等关键环节,形成完整的闭环式培养流程,确保人才全方位、多层次成长。

三是实践导向。除了课程教学之外,特别突出实战人才的培养,为学生提供实习岗位、实践实训、赛事活动等机会,让他们具有丰富的实战机会。

同时,该模式也还存在一些困难和不足,例如,对人才培养效果的持续跟踪与评估机制尚不够完善,需要建立健全反馈机制,以便及时调整优化培养策略;面对不断增长的国际传播人才培养需求,如何吸引更多优秀师资、提升现有教师的国际传播教学能力,也是一个亟待解决的问题。未来,外研社将继续深入调研,不断优化,健全"岗课赛证"模式,为高校培养国际传播人才贡献力量!

3.2 基于成果导向的共建"一带一路"国家来华游学项目实践

黄媛媛[①]

摘 要：本文详细介绍了泰国某学校赴上海城建职业学院的中国文化游学项目的设计实施。项目以成果导向教育(OBE)理念反向设计，通过为期14天的语言学习课程、职业体验、文化体验和交流互动，在有限的时间内最大化地实现学生的学习目标，确保学生能够在文化交流、语言提升、国际友谊和职业体验等方面取得实质性的成果。项目的顺利实施为上海城建职业学院在国际合作交流领域的教育模式创新、教学资源扩展、品牌形象提升和长远影响提供了宝贵的经验，也为高等院校与"一带一路"国家进行交流与合作提供了可行的参考路径和方法。

关键词：OBE；中国文化；游学项目；"一带一路"

3.2.1 实施背景

随着全球化的不断深入，国际合作和文化交流变得日益重要。共建"一带一路"倡议的推进，特别是中国文化"走出去"战略的实施，为加强中国与沿线国家的教育与文化交流提供了新的机遇和挑战。

上海作为国际化大都市，具有独特的地缘优势和文化魅力。上海城建职业学院作为一所根植上海，以城市建设、管理和服务为

---

① 黄媛媛，硕士，副教授，上海城建职业学院基础教学部，研究方向：英语教学、文化翻译和翻译史、语言文化国际传播。

特色的多科性、应用技术技能型高校,致力于培养具有国际视野的高素质技术技能人才,积极参与国际教育合作与交流,探索国际化的教育路径。

此次泰国某学校"一带一路"国家来华开展中国文化游学项目正是在此背景下实施的。一方面,通过让国外学生走进上海,感受都市文明中的文化与传承,促进中国文化和中国智慧的国际传播;另一方面,通过促进上海城建职业学院与境外学生的交流,提升上海城建职业学院的学校知名度和影响力,传递上海职业教育的声音,帮助共建"一带一路"国家学生了解上海职业教育的风貌与特色,增加合作交流,推进后续留学生工作和教学建设。

3.2.2 主要做法

鉴于游学时间仅为 14 天,如何设计出精简而高效的课程,确保学生能够在有限的时间内获得丰富的学习体验,实现短期游学的教育效果最大化,是本项目面临的一个实际挑战。因此,项目大胆引入成果导向教育(outcome-based education,OBE)理念,通过明确设定短期游学的具体、可测量的学习成果,并基于学习成果目标,逆向设计课程内容与活动。

3.2.2.1 模式提炼

OBE 是一种教育理念和模式,其核心在于教育过程和评价均围绕明确的学习成果进行设计和实施。在游学场景下,OBE 理念的应用需要综合考虑内外部需求,明确培养目标,以确保游学活动能够达到最佳效果(见图 2-3-4)。

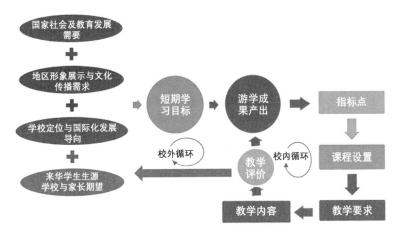

图 2-3-4 基于 OBE 理念的游学项目双循环模型

3.2.2.2 具体做法

1. 设置学习目标

依据 OBE 理念,以国家社会及教育发展需要、地区形象展示与文化传播需求、学校定位与国际化发展导向、来华学生生源学校与家长期望为目标制定依据,通过对其内容展开分析(见表 2-3-1),设置游学项目的短期学习目标。

表 2-3-1 短期学习目标的制定依据

制定依据	依 据 内 容
国家社会及教育发展需要	1. 在"一带一路"倡议和中国文化"走出去"战略的背景下,理解中国语言、文化、历史和社会的国际人才需求日益增长 2. 通过游学项目,加强与"一带一路"沿线国家的教育合作,培养学生的跨文化理解能力、国际视野和语言沟通技能,同时强调对中国文化的深入认识和体验,以满足国家在促进国际文化交流、提升国家软实力和实现教育国际化方面的发展要求

续 表

制定依据	依 据 内 容
地区形象展示与文化传播需求	1. 充分借助上海作为国际化大都市的优势,展示中国的城市文明、文化传承和现代发展 2. 通过游学活动,传递上海城市名片及上海职业教育的声音,帮助"一带一路"国家和地区学生了解上海职业教育的风貌与特色,增加合作交流
学校定位与国际化发展导向	1. 立足高等职业教育办学特点,秉持"厚人文、重实践、强专业、精技能、国际化"人才培养理念,提升学校的国际知名度和影响力,打造职业教育国际交流品牌 2. 丰富学校的职业教育国际交流内涵,助力构建以城市建设、城市管理和城市服务为支点的国际技术技能人才培养平台
来华学生生源学校与家长期望	1. 为学生提供深入体验中国的历史、语言文化和社会发展的机会,培养学生对不同文化的理解力,提高学生在多元文化背景下的适应能力和沟通技巧 2. 通过游学体验,强化学生的跨文化交际技能,鼓励学生建立跨国友谊,为其未来在全球化背景下的交流与合作打下坚实基础

结合国家、社会、学校、学生及家长等多方面的期望和要求,充分考虑游学活动的特点和目标,形成全面、具体、可衡量的短期学习目标(见表2-3-2),以此指导游学活动的设计和实施,确保学生在游学过程中能够取得预期的学习成果。

表2-3-2　短期学习目标的具体内容

序　号	具　体　内　容
A	增进对中国文化、历史和社会的认识和认同
B	提升汉语实际运用水平和跨文化交流意识

续　表

序　号	具　体　内　容
C	增强国际交流并建立持久的国际友谊
D	了解和体验中国职业教育领域相应行业的现状和发展
E	提升在未来持续探索不同文化和深化语言学习的兴趣
F	提升学生个人综合素养和能力

2. 明确产出要求

确定游学成果产出要求,应确保其能支撑短期学习目标的达成。二者须有明确的对应关系。这种对应关系可以是可逆的,即一条学习目标可以由多条产出要求支撑,同时一条产出要求可以支撑多条学习目标。表 2-3-3 为此次游学项目成果产出要求与学习目标的对应关系。

表 2-3-3　中国文化游学项目成果产出要求与学习目标的对应关系

序号	成果产出要求	对应学习目标序号
1	能够在特定文化情境下进行对话和表达个人看法的语言实践与应用能力	A B D
2	识别并分析中国历史、社会和传统艺术的能力	A E
3	跨文化环境中的交际能力和适应能力	B F
4	项目任务的设计、实施与团队沟通、协作能力	A B C F
5	个人意志、情感、审美等综合素质的提升	E F
6	获得实质性的跨文化交际经验	B C F
7	和中国学生进行学习、生活等方面交流并建立友谊	A B C E F
8	通过企业探访和文化学习,形成对中国发展中的经济、环境和社会考量的初步认识	A D E

续　表

序号	成果产出要求	对应学习目标序号
9	通过课程学习和参与职业体验,了解相应专业内涵	A B D E
10	懂得不同文化之间的理解和尊重	A C

一般而言,一条成果产出要求可以分解成若干个指标点。成果产出要求的指标点与之有明确的对应关系,且表述方法更为具体、明确、可评价。表2-3-4为与部分成果产出要求相对应的指标点。

表2-3-4　中国文化游学项目成果产出要求与指标点(部分)

序号	成果产出要求	指　标　点
1	能够在特定文化情境下进行对话和表达个人看法的语言实践与应用能力	掌握在模拟或真实场景中使用汉语进行问候、购物、出行等日常交流
		在汉语角等活动中与本地学生进行有效交流和文化分享
		通过影视文化和上海文化故事提高汉语听力理解能力
2	识别并分析中国历史、社会和传统艺术的能力	体验和认识中国传统艺术和特色文化
		鉴赏并了解历史文化建筑
		参与民俗活动,了解其意义和价值

3. 设计课程架构

根据游学项目的成果产出要求,设计与之相适应的课程架构(含相应实践与活动),使得成果产出要求能够逐条落实到每一项具体的课程、实践与活动中。这种关系具体通过课程架构与成果产出要求的指标点的对应关系来体现(表2-3-5)。

表2-3-5　成果产出要求指标点与课程(教学环节)对应关系

对应关系	成果产出要求1			成果产出要求2			……	
	指标点1	指标点2	指标点3	指标点1	指标点2	指标点3	指标点1	……
课程1	√		√	√		√		
课程2	√	√			√		√	
……								

项目紧紧围绕短期游学目标和成果产出要求,基于"语言学习、职业与文化体验、交流互动"三大模块进行课程架构设计(图2-3-5至图2-3-10为部分课程与实践活动),规划形式、内容与载体,形成对应关系矩阵图(表2-3-6)。

表2-3-6　成果产出要求与课程对应关系矩阵图

类　别	课　程	成果产出要求									
		1	2	3	4	5	6	7	8	9	10
语言学习	汉语口语	√		√		√			√	√	√
	汉语听力	√	√								√

续　表

类　别	课　程	成果产出要求									
		1	2	3	4	5	6	7	8	9	10
语言学习	汉字书写	√	√								
	汉语歌曲		√		√	√					√
职业与文化体验	中国书法	√	√		√	√					
	中国舞龙		√		√			√			√
	太极拳		√		√	√					
	中国陶艺		√	√						√	
	中国食品制作		√		√		√			√	
	专业实训参观		√							√	√
	"建筑可阅读"参观	√	√	√	√			√	√		√
	上海高新企业参观		√						√	√	
	奉贤菜花节		√	√							√
交流互动	汉语角	√		√			√				√
	结营活动	√	√	√	√	√	√	√	√	√	√

图 2 - 3 - 5　布龙

图 2 - 3 - 6　彩带龙

图 2-3-7 在食品专业实训室 进行青团制作　　　　图 2-3-8 陶艺实训

图 2-3-9 参观科大讯飞人工智能体验馆

图 2-3-10 参加上海奉贤菜花节民俗活动

4. 落实教学设计

成果导向的课程教学设计,是贯彻落实 OBE 理念的"最后一公里"。在本项目的教学设计中,将成果产出要求的各个指标点逐条地落实到每一门课程的教学大纲中去,从而明确具体课程和实践活动的教学内容对达到成果产出要求的贡献。具体特征表现为以下两点。

其一,教学设计遵循反向设计原则,逻辑起点是游学项目的成果产出要求(指标点),成果产出要求(指标点)决定了课程教学目标(课程教学产出),再以此"产出"为导向进行反向设计,依次设计教学内容与教学评价,最终形成教学大纲(参见图 2-3-4)。

其二,面向产出的课程评价目的是判断课程教学目标的达成情况,从而判断预期学生能力的达成情况,以之检验整体课程架构对成果产出要求(指标点)的支撑作用,最终判断整体项目目标的达成情况,形成一个逆向的逻辑线路。一项成果产出要求的指标点的达成可能由多个课程或者实践活动作为支撑,各自占有一定权重,最终实现整体指标点的达成。课程架构内部按照不同认知层次或顺序形成一个指向最终"产出"的正向逻辑路线,这充分体现了课程与实践活动之间的整体性与关联性。

3.2.3　成果成效

本次游学项目,泰国学生通过参与课程学习、舞龙和陶艺等职业、文化工作坊、城市"建筑可阅读"等参观以及与本地学生的深入交流,深化了对中国文化的认识,提高了语言技能、个人意志、素养以及跨文化理解,还进一步增强了他们的国际视野和团队合作能力。项目以"结营活动"作为游学项目产出的一个展示平台,展示短期学习目标的达成情况。学生在汉语主持、游学感言、中文歌曲演唱、太极拳展演、彩带龙表演、书法、泰国歌舞等环节的成果展示（图 2-3-11 至图 2-3-13 为部分成果展示内容），充分体现了他们在文化交流、语言提升、国际友谊和职业体验等方面所取得的实质性的成果。

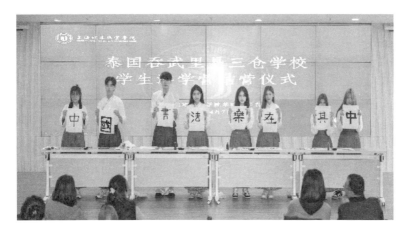

图 2-3-11 书法展示

图 2-3-12 太极拳展演

图 2‑3‑13　彩带龙表演

　　项目的顺利实施为上海城建职业学院在国际合作交流领域的教育模式创新、教学资源扩展、品牌形象提升和长远影响构建提供了宝贵的经验,也为高等院校与共建"一带一路"国家交流与合作提供了可行的路径和方法。

3.2.4　经验总结

　　以 OBE 理念为指引开展共建"一带一路"国家来华游学项目实践,是一次新的尝试,成功实现了短期学习产出的效果最大化,为参与学生在语言能力、文化认知、国际视野和个人素养方面的发展搭建了平台。通过这一项目,学校不仅加强了与国际伙伴的联系,丰富了教学模式和资源,还成功塑造了一个开放、包容和创新的国际化教育品牌形象,为国际交流合作的持续发展和国际影响力的扩张打下了基础。

　　然而,项目的设计中也存在一些不足之处,尤其是在与职业领域的融合方面还不够深入。在后续游学项目中可以进一步加强职业体验的设计,增加与职业发展相关的实践活动,如企业参观、行业实践等,帮助学生更好地了解认识中国职业教育现状;同时加强与专业课程的对接,将游学项目与学院的专业课程进行更紧密的对接,确保学生在游学过程中能够学习到与特定专业相关的知识和技能。通过这些改进措施,进一步提升项目的实用性和针对性,更全面地展现职业教育的特色,在国际合作交流领域进一步增强教育实用性和吸引力。

3. 2. 5　推广应用

本次中国文化游学项目的成功实施为推广至更广泛教育领域提供了范例。本项目以 OBE 理念为核心,通过精心设计的短期课程和活动,有效实现了项目实施目标。项目通过其创新的教育模式和丰富的实践经验,为其他教育机构提供了宝贵的参考和启示,对于推动国际文化交流和教育合作具有重要意义。应用场景涵盖国际教育交流、语言文化培训以及职业教育领域。在推广应用时,应综合考虑教育目标、学生需求、文化尊重、质量评估和风险管理,以实现教育交流项目的最大效益。

4

新时代语言服务
及其人才培养

4.1 培养新时代国际语言服务人才的策略与实施路径

蔺学才①唐桂芬②

摘　要：本文探讨了新时代职业教育中语言服务人才的培养策略与实施方法。随着全球化进程加快，职业教育需要提升服务国际产能合作的能力，语言文化服务在经贸合作中发挥着重要作用。上海出版印刷高等专科学校商务英语专业通过"英语＋商务"模式，基于校企合作和市场调研，制定符合实际需求的人才培养方案，培养造就具备数字商务、跨文化沟通、创新能力和国际视野的高素质应用型英语人才。课程体系包括语言技能课程、双语商务课程及职业实训，确保理论与实践的有机结合，全面提升学生的实操能力和就业竞争力。

关键词：职业教育；语言服务；商务英语；人才培养；跨文化沟通；校企合作

4.1.1 实施背景和依据

办好新时代职业教育，要提质增效，提升职业教育服务发展能力。职业教育与经济社会发展联系最密切、最直接。随着经济全球化的加速前进，国际产能合作不断扩大，着力提升服务国际产能合作能力成为职业教育新的发展趋势和任务，从而促进中国职业教育走向世界舞台，贡献中国智慧、中国经验与中国

---

① 蔺学才，副教授，硕士，上海出版印刷高等专科学校外语系，研究方向：英语语言教学。
② 唐桂芬，副教授，硕士，上海出版印刷高等专科学校外语系，研究方向：语言测试。

方案。

语言文化服务是以语言文字为内容或手段为他人或社会提供帮助的行为和活动。从某种程度上来说,语言文化服务是打通经贸合作渠道的钥匙。新时代国际传播语言服务人才培养需要结合语言技能、跨文化沟通和专业知识,包括强调口语和书面沟通能力的培养,加强人才对不同文化背景的理解和应对能力,增加对新媒体和新技术的熟悉程度,因为这些技能在现代国际传播中扮演着越来越重要的角色。此外,通过实习实训获得的实践经验也将帮助学生将理论知识应用到实际工作中,从而提升他们的专业服务水平。

商务英语是语言在涉外事务工作上的拓展和延伸,其人才培养的主要模式是"英语+商务"。上海出版印刷高等专业学校商务英语专业自成立之初,依托学校深厚的文化传媒积累和师资优势,确立了"文化传媒为背景、英语语言为工具、商务活动为核心"的专业定位,贯彻《国家职业教育改革实施方案》精神,着力培养社会特别是上海地区急需的外向型文化人才。

商务英语专业在外语系领导的指导和带领下,通过线上和线下的方式深入相关企业进行专业调研,了解企业的人才需求、业务范围和发展方向,为商务英语专业人才培养方案的制定提供切实可行的第一手资料。

毋庸置疑,目前我国文化产业人才的总量、结构、素质和能级不能适应文化产业快速发展的要求。从整体上看,数量少,创意人才远远少于发达国家;从结构上看,市场营销经理、客户服务经理和海外业务拓展人才极度紧缺;从能级上看,缺少高端人才、领军人才和复合型人才。

这些外向型企业都是要有计划有步骤地实施文化人才培养工程,依托大学资源,培养创新型、外向型、复合型、科技型文化人才,建设一批文化人才的培养和实训基地。基于此,上海出版印刷高等专科学校商务英语专业团队邀请相关企业的专家和商务英语专业的相关大学教授共同探讨专业人才培养方案,为商务英语专业人才培养把脉问诊,制定比较切实可行的人才培养方案。

4.1.2　培养方案主要内容

4.1.2.1　培养目标

上海出版印刷高等专科学校商务英语专业人才培养以加快建设教育强国为目标,以立德树人为根本任务,面向国家战略,面向上海经济发展,坚持"三个关键":思政育人、人才培养高质量和服务中国式现代化;加快"三个转变":从传统商务技能转向数字商务能力,从跨文化能力转向国际传播能力,从人文素养转向数字人文素养,培养直面一线经济主战场的人才。在人才培养中明确新时代商务英语人才需要具备的语言服务能力:数字商务能力、数字人文能力、数字服务能力和数字传播能力。

其专业培养目标为:坚持以习近平新时代中国特色社会主义思想为指导,坚持把立德树人作为根本任务,践行社会主义核心价值观,持续深化"三全育人",以德智体美劳全面发展为宗旨,主动对接"五个中心""四大品牌"和上海国际化文化大都市的发展需求,培养具有良好英语功底,遵守国际商务领域尤其是出版印刷行业的国家政策和法律法规,熟悉国际贸易基本知识和业务流程,能从事涉外出版行业相关业务,自觉弘扬中华优秀传统文化、红色文化和社会主义先进文化,具有宽广的国际视野、较强的创新能力和坚定的理想信念的高素质应用型英语专门人才。

4.1.2.2 课程体系

通过不断推动教育教学改革,传媒类商务英语专业人才培养模式已成为同级别商务英语领域的标杆。语言服务以提升英语读、写、听、说和译等应用能力为宗旨,上海出版印刷高等专科学校商务英语专业除开设综合商务英语、商务英语听说、商务英语写作、商务英语阅读、商务英语口语、国际营销英语等商务类必修课程以外,还开设有国际贸易理论与实务、跨境电商、版权理论与实务等双语讲授的商务类课程,用英语讲授的中华优秀传统文化人文课程,以及传媒英语、印刷英语等用英语讲授的传播课程。此外,法语成为学生的必选课,为学生发展跨语种技能奠定了基础。课程模块如图2-4-1所示。

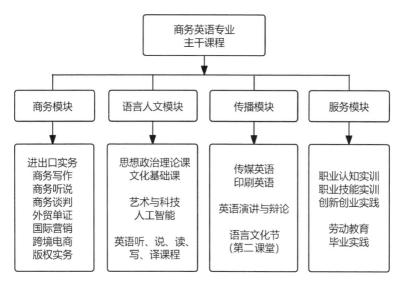

图2-4-1　商务英语专业课程模块

课程体系中,除理论课程外,还设置了职业认知实训、职业技能实训模块,对语言技能和商务技能分别进行强化训练。理论课程与实践课程对应关系见表2-4-1。

表 2 - 4 - 1　商务英语专业理论课程与实训课程对应关系

课程开设时间	理论课程	实训课程	实 训 内 容
第一学年	综合商务英语	职业认知实训	专业认知(行业专家讲座、企业参观)
	英语写作		
	英语视听说		英语技能实践(角色扮演、演讲汇报、辩论和模拟翻译)
	英语笔译		
第二学年	进出口实务	职业技能实训	进出口实务实训
	外贸英语函电		外贸英语函电实训
	跨境电商		跨境电商实训
	会展英语		会展实训
	外贸单证实务		外贸单证实务实训

4.1.2.3　实践教学的实施

1. 校企合作

依托上海经济中心优势,目前上海出版印刷高等专科学校已与上海汇展信息科技有限公司、上海众鹤贸易发展有限公司、上海爱特翻译服务有限公司、上海特易信息科技有限公司、上海外语教育出版社有限公司、上海畅联国际物流有限公司等多家单位确立校企合作关系,建立了稳定的实习实践基地,并进行深度合作。通过顶岗实习、企业专家讲座和企业参观等形式,学生能够深入了解商务领域的工作流程和实际需求。

2. 模拟实训

借助企业线上实训平台模拟真实的商务场景,上海出版印刷高等专科学校让学生在实践中学习和应用商务英语知识,提高商务英语交流能力,为未来的职业生涯做好充分准备。例如,利用南京步惊云跨境电商平台进行电子商务技能实训,学习跨境电商的最新政策,熟悉速卖通平台为主体,兼顾亚马逊、Wish、敦煌网等平台的运营模式,了解跨境电商选品、营销、物流、支付、客服等各个环节的策略与技巧,紧跟跨境电商浪潮;利用厦门亿学单证实务实训系统模拟实训报关报检、产地证、海关监管证、货运单证、检验检疫证等多个单证制作,使学生练习并掌握企业真实外贸单证的填写。学生们在模拟实训基础上以赛促学,参加数字贸易技能大赛——跨境电商赛、全国商务英语实践技能大赛等实战,历年来均取得了喜人的成绩。

3. 志愿服务

多年来,学校组织学生全员参与中国国际进出口博览会、上海国际半导体展会、中国国际玩具展、金投赏国际创意节等国际外贸展会活动并在多个岗位担任志愿者,在实习实践中将语言学习置于具有情境性和生成性的工作场域。学校突出与具体生产实践相结合的育人特色,在中国式现代化建设的第一线认识和把握新时代职业教育的新使命,在培育新质生产力和建设现代化产业体系中彰显职业教育的新担当,促进学生的全面发展,在志愿者活动和企业服务中达到了鼓舞人、培养人、教育人的目的。

4.1.2.4　教师发展

商务英语专业师资结构合理,目前有博士 5 人、副教授 6 人、讲师 14 人。专业教师具备丰富的商务英语专业知识,包括国际贸易、国际营销、国际版权与贸易等多方面专业经验,能够为学生提供深入且全面的知识传授。

专业教师具备良好的英语口语和书面表达能力以及跨文化沟通能力,特别是在"星光杯"口语大赛中获得了团体第一名的优异成绩。纯语言背景的教师通过多种途径提升专业素养和实践教学能力:自学进出口实务、单证实务、跨境电商等专业课程了解商务知识,参加协会培训获得相关证书,进入企业实习紧跟时代用人需求。

此外,专业教师具备很强的团队协作能力和创新创业素质,有跨境电商团队、单证实务团队、版权贸易团队、跨文化翻译团队;学科竞赛分为口语、写作、词汇、阅读、创新创业等专项指导团队,辅导学生参加语言和商务职业能力大赛,获得了多项省市级以上的荣誉,为学生职业发展和学业深造增添了竞争力。

4.1.2.5　教材建设

商务英语专业教材建设明确教学目标和定位,以学生能力培养和实际应用为准则,考虑学生的不同需求和背景,确保教材的实用性和适用性。

通过整合和优化课程体系,商务英语专业教材涵盖了商务英语语言技能、商务知识、跨文化能力等多个方面;在内容选择上,结合商务英语领域的最新发展趋势和行业需求,注重前瞻性;引入现代教学技术和手段,融入移动学习方式编写活页式新型教材;通过产教融合校企合作,注重实践教学环节的设计和实施,帮助学生更好地理解和掌握商务英语的使用技能和知识。

以商务英语专业教师为编写团队的教材建设成果有:《新时代职业英语:传媒英语》于2021年8月出版,入围"十四五"规划教材,并于2023年开始在中国高校外语慕课平台对外开放选课;《跨境电商英语实训教材》《新媒体营销英语实训教材》《传媒英语词汇手册》《跨文化翻译实训教程》分别列为2023和2024年校级规划教材。

4.1.3　人才培养成效

上海出版印刷高等专科学校商务英语专业在人才培养方面取

得了显著成效,具体体现在以下四方面。

4.1.3.1　升学深造率

专升本升学率表现突出,2020 年首届商务英语专业毕业生专升本升学率达到 22.5％,并逐年上升,2024 届达到 40.9％。表明学生在专业知识掌握和学习能力上具有较高的水平,能够顺利适应更高层次的学习要求,目前已有 3 位专升本同学研究生毕业。

4.1.3.2　就业率

毕业生就业前景广阔,主要面向具有商务活动的服务型企业、文化传播公司和涉外机构,从事人事、教育培训、单证制作、商务谈判、会展、外贸跟单、进出口商品推广等相关工作。

4.1.3.3　学术成绩

商务英语专业学生在学术成绩上表现出色,2018 年,商英学子参加第四届国际大学生学术研讨会并宣读论文;2019 年,在哈萨克斯坦阿拉木图印刷学院举办的以"印刷:昨天、今天、明天"为题的高校大学生科技实践国际研讨会上,外语系学生王家鸿获得一等奖,这些成绩展现了学生的研究能力和学术交流能力。

4.1.3.4　获得荣誉

商务英语专业学生获得的证书主要有第七届外研社杯写作大赛全国一等奖、第二届"外教社•词达人杯"全国大学生英语词汇能力大赛上海赛区高职高专组全国决赛二等奖、"CATTI 杯"全国翻译大赛二等奖、第八届全国大学生学术英语词汇大赛全国一等奖、第九届上海市"星光杯"英语口语技能大赛二等奖、第三届数字贸易技能大赛一等奖、第六届"亿学杯"全国商务英语实践技能大赛高职组二等奖等荣誉,这些均体现了学生扎实的语言功底和语言应用能力以及过硬的专业素质和综合能力,为未来的职业发展奠定了基础。

4.1.4 经验总结

上海出版印刷高等专科学校商务英语专业在不到十年的办学历史中,不断学习摸索、改革和创新,取得了可喜的成绩,积累了宝贵的经验,为不断提高新质生产力所需的职业技术人才培养质量奠定了坚实的基础。

一是明确培养目标,构建合理的课程体系。既注重课程内容的实用性和前瞻性,又注重厚植家国情怀、拓宽国际视野、提升人文素养、培育社会主义核心价值观。

二是强化实践教学,提高学生的应用能力。通过短学期实训、毕业实习实践活动,积极与企业合作,让学生在真实的工作环境中锻炼自己的商务英语应用能力。

三是加强师资建设,提高教学水平。"三全育人"和科研机制鼓励教师为商务英语专业建设和发展做出贡献。

四是关注学生的全面发展,培养学生的综合素质。组织语言文化节和社会实践活动,注重培养学生的创新精神和团队协作能力,让学生具备更强的适应能力和发展潜力。

五是建立科学的评估体系,确保人才培养质量。通过学生平时成绩(占总评的50%)、学业成绩、实践表现、毕业论文等多个方面来评估学生的综合能力和素质。同时,收集用人单位和学生的反馈意见,了解人才培养的效果和存在的问题,为改进人才培养方案提供依据。

4.1.5 推广应用

上海出版印刷高等专科学校商务英语专业人才培养方案模式适用于高校、职业院校、跨国公司、外贸公司和培训机构,能够为高校课堂教学、企业内部培训、职业培训等提供范式,最终为国际贸易、跨国合作等场合培养具备商务英语技能的专业人才。

应用到具体场景时,方案制定者要从以下几方面考虑:应先进行需求分析,了解受众需求,制定针对性培养方案;在进行课程设计时,应注重实用性,课程要覆盖语言技能、商务技能及跨文化沟通;授课师资力量须选择有商务背景和教学经验的教师;教学方法应多样化,注重互动性,如案例分析、情景模拟等;取得技术支持,利用线上课程和学习管理系统提升效果;职业发展方面,应结合培训与职业规划,提供实习和就业指导;建立评估反馈机制,定期考核和调整课程设置,持续改进;应根据市场变化和需求,不断优化方案。

4.1.6　结语

商务英语专业的人才培养方案紧扣时代脉搏,以培养高素质、国际化、复合型语言服务人才为目标,通过系统的理论学习和实训课程,全面提升学生的语言能力、跨文化沟通能力和专业知识水平。同时,依托校企合作和实际操作经验,确保学生能够将所学知识应用到实际工作中,满足国际传播和经济发展的需求。未来,随着全球化的进一步深化,商务英语专业将继续优化课程体系和教学模式,为社会输送更多优秀的语言服务人才,为中国职业教育的国际化进程贡献力量。

4.2　大学英语"EGP＋ESP"人才培养案例

杨苗捷[①]

摘　要：新外语要从语言研究向语言服务转移,而新外语能为跨学科

---

①　杨苗捷,副教授,硕士,上海商学院大学英语教学部主任,研究方向:ESP 教学、教育技术。

提供的就是专门用途外语。在新文科背景下,专门用途英语课程建设显得日益重要。上海商学院大学英语教学部经过多年的教学改革与实践,构建了特色鲜明的大学英语"EGP+ESP"应用型人才培养的教学模式,集通用/个性化"EGP+ESP"教学模式和教学手段为一体,逐步构建并完善多层次、多元化的大学英语课程教学体系。2023 年 5 月,上海商学院的《大学英语(IV)》成功入选第二批国家级一流本科课程(线上线下混合式一流课程),成效显著。

关键词:专门用途英语;EGP+ESP;商务英语;行业英语;酒店英语

4.2.1 实施背景和依据

4.2.1.1 新文科的发展

2019 年 4 月,教育部、科技部等 13 个部门正式联合启动"六卓越一拔尖"计划 2.0,要求全面推进新工科、新医科、新农科、新文科建设,全面实现高等教育内涵式发展,提高高校服务经济社会发展的能力。新文科建设的目的是打破以往的纯文科理念,融入新元素以创新文科人才培养机制,提升人文社科高等教育质量。

4.2.1.2 新外语教育的提出

新外语教育(emerging foreign language education)不是在原来课程或专业中加一些新课程或采用新教学方法,而是必须有新的理念、结构和体系。新的理念就公共外语而言,就是要从单纯学习语言技能打基础的教学定位转移到为学生专业学习和研究提供语言服务的教学目标上来。新外语教育要从语言研究向语言服务转移,而新外语能为跨学科提供的应该就是专门用途外语。专门用途英语(English for specific purposes,ESP)教学就是让学生掌握他们各自专业和行业中常用语类的语篇结构和句法表达,使他们在自己的专业或行业共同体内能进行有效交际。

在新文科背景下,专门用途英语课程建设显得日益重要,应该从教学设计与研究方法入手,汇聚学科交叉优势,精准对接行业需求,推进外语教学创新,服务国家人才战略。

4.2.2 培养方案主要内容

4.2.2.1 培养目标

大学英语"EGP+ESP"教学把思政教育融入课堂,落实课程思政建设,发挥课程的育人功能,将价值塑造、知识传授和能力培养三者融为一体。将社会主义核心价值观有机融入大学英语教学内容,引导学生理解并实践商科的职业精神和职业规范,深化职业理想和职业道德教育。

通过大学英语"EGP+ESP"教学,培养学生的英语应用能力,增强跨文化交际意识和交际能力,同时发展自主学习能力,提高综合文化素养,使他们在学习、生活、社会交往和未来工作中能够有效地使用英语,满足国家、社会、学校和个人发展的需要。在注重发展学生通用语言能力的同时,进一步增强其学术英语或职业英语交流能力和跨文化交际能力,以使学生在日常生活、专业学习和职业岗位等不同领域或语境中能够用英语有效地进行交流。

4.2.2.2 课程体系(含实践教学内容与实施)

根据学生的不同英语水平、学校的商业类英语人才培养目标和特殊专业的英语教学需求,集通用/个性化"EGP+ESP"教学模式和教学手段为一体,逐步构建并完善多层次、多元化的大学英语课程教学体系。

1. 分层教学

新生入学分班后分为 A、B 两个层级,第一学年以 EGP (English for general purposes)教学为主。在第三学期初,按照大学英语四级成绩对学生进行重新分班,分为过四级班和未过四级班。对于相应班级的学生,第二学年采取"EGP+ESP"的大学英语教学模式,旨在巩固学生基础英语的同时,提高学生专业方面的外语水平,即学生的阅读、翻译、听说、写作的英语水平。

2. 通用"EGP+ESP"教学模式

除了有特别需求的专业之外,在第三和第四学期大学英语在EGP教学的基础上,对所有专业的相应学生开展通用性ESP教学,普及通识类商务英语以及专业类行业英语的相关知识。

(1) 大学英语第三学期"EGP+ESP"(通识类商务英语)教学模式

第三学期,对于过四级班的学生,他们的基础英语学习已经基本过关,达到了《课程要求》中的一般教学要求,因此大学英语采用"EGP+ESP"(通识类商务英语)的教学模式。其中,EGP教学延续第一学年基础英语的教学内容,旨在提高学生的大学英语六级通过率。ESP教学融入通识类商务英语内容,旨在普及学生的通用商务英语知识、英语应用文写作技巧和商务英语听说能力。而未过四级的班仍以EGP教学为主,旨在提高学生的大学英语四级通过率。

(2) 大学英语第四学期"EGP+ESP"(专业类行业英语)教学模式

第四学期,对于所有学生,大学英语采用"EGP+ESP"(专业类行业英语)的教学模式。EGP教学仍延续第三学期基础英语的教学内容,旨在巩固学生的日常英语应用能力。ESP教学则融入专业类行业英语内容,旨在让所有学生都有机会接触并掌握与各专业相关的基础知识、英语词汇及表达方法,从而使学生对各行各业的英语知识有所了解,提高学生综合运用英语的能力,并搭建大学英语教学和相关专业双语教学的桥梁。

专业类行业英语教学内容使用的是由上海商学院大学英语教

学团队自编出版的《21世纪大学实用行业英语综合教程》。2023
年11月最新推出的第二版是为本校专业量身定制的商科行业英
语教材,为学生提供了与专业对口的ESP学习素材,为ESP教改
的开展提供了有力支撑。大学英语教学团队于2016年开始启动
"基于SPOC的外语课程建设"项目,根据校本教材,与超星公司合
作,制作拍摄SPOC微课视频,自建在线课程,以其他优秀校外
MOOC资源作为补充,构建了超星平台的SPOC空间。线上课程
的资源包括课程视频、视频测验、PPT课件、拓展材料等,在拓展
资源板块设计了相关章节阅读、视频、慕课链接、参考书目等内容。
基于大学英语课程平台和网站,学校成功开展了以学生为中心的
线上线下混合式教学。

图2-4-2　ESP行业英语SPOC微课视频

3. 个性化"EGP＋ESP"教学模式

对于学校的特色专业或对大学英语教学有特殊需求的专业,
学校开展大学英语差异化教学,构建适合某专业的个性化"EGP＋
ESP"教学模式,以适应特色专业特殊的英语人才培养目标。其
中,酒店管理专业的改革非常成功,成为个性化"EGP＋ESP"教学
模式典型。

上海商学院的酒店管理专业旨在培养国际化酒店管理与服务人才,以适应涉外酒店的需求。对于酒店管理专业的学生来说,除了基础英语教学,大学英语课的重点应该放在培养学生的英语口头交际能力,特别是酒店英语听说能力上,从而提高学生的职业竞争力。因此,大学英语专门构建了适合上海商学院酒店管理专业的个性化"EGP+ESP"(酒店英语)教学模式,即在四个学期 EGP 教学的基础上,适时融入与酒店英语相关的教学内容,创设酒店英语的听说情境,提高酒店管理专业学生的英语口头表达能力。特色课堂活动主要有以下三类。

(1)酒店角色扮演

第一学年的课堂口语活动以酒店场景对话为主。学生们组成团队,认真完成教师布置的酒店英语角色扮演活动。他们会背诵

图 2-4-3　酒店管理专业学生角色扮演

教师上课时所教的一些常用酒店英语句型,再加上自己的改编、道具和身体语言,把一段段酒店对话演绎得栩栩如生,语言流利,收到了很好的教学效果,一些口语拔尖的学生从中脱颖而出。学期末的口语考试会进行酒店英语角色扮演的汇报演出,并全程拍摄录像,作为教学成果保存。学生们个个准备充分,表演投入,收效甚好。

第二学年除了酒店场景对话之外,主要训练学生的演讲和口头汇报能力。酒店管理专业学生积极投入各种课堂 ESP 口语活动,例如个人演讲、与酒店内容相关的口头展示 PPT 制作及汇报、看图说话、发表见解等。学生们都表现出色,英语口头表达能力得到了很大提高。

(2)基于语料库的英语词汇学习

针对酒店管理专业学生,开展基于语料库的大学英语学生实践创新训练,侧重学生的英语词汇学习。结合 Coxhead(2000)的

图 2‐4‐4　学生基于语料库的 AWL 词汇学习口语展示

学术英语词汇表(academic word list)和 COCA 语料库,让学生利用语料库学习词汇的意义,了解词汇的搭配,进行词频统计分析等。项目以小组团队合作的方式进行,每个小组负责研究一组词汇,学习完成之后每个小组提交词汇学习报告,并在课堂上进行交流。这样的研究项目培养了学生探究式学习和项目式学习的能力,提高了学生的英语学术表达与沟通能力,很受学生的欢迎。

(3) 学术海报制作和口头汇报

为了培养国际化人才,拓宽学生的国际化视野,基于专门用途英语(ESP)、学术英语(EAP)、以内容为依托的教学模式(CBI)、项目学习法(PBL)等教学理念,大学英语重点培养酒店管理专业学生在专业学习和研究中所需要的英语听、说、读、写的学术交流能力,以及培养学生的学术素养、创新能力、跨文化交际能力等。针对酒店管理专业学生,开展关于酒店营销和销售主题的学术海报制作及汇报展示项目。该项目的结果超过预期,非常成功。学生们很感兴趣,他们以小组团队合作的形式,分成手绘草图和计算机终稿两个阶段设计制作,最后用英语进行口头汇报,优秀作品还以成品形式展示在"上海商学院商务英语口语展示大赛"的赛场周围。

图 2-4-5 学术海报手绘草图口头汇报

图 2‑4‑6 学术海报计算机终稿和展板成品

4.2.2.3 教师发展

上海商学院大学英语教学部始终着力建设一支稳定的、能胜任大学英语 ESP 教学的师资队伍，大学英语老师们对 ESP 和 EAP 教学理论非常熟悉，长期从事一线大学英语 ESP（商务英语、行业英语、酒店英语）教学，结构合理，各有分工，有很强的团队合作精神和敬业精神，不仅具有多年丰富的教学经验和较深的专业功底，而且具有较强的课题研究能力和学术水平。大学英语老师们积极参加各类线上线下与 ESP 或 EAP 相关的学术会议、研讨会或培训，不断提高教学和科研水平，与时俱进，发表相关论文及申报相关课题。

担任个性化"EGP＋ESP"（酒店英语）教学的两位教师还参加

了由上海旅游职教集团组织、上海旅游培训中心承办的饭店英语A、B级考试项目师资培训,并获得了结业证书。在大学英语 ESP 教学实践中,教师们不断拓展和提升自己在行业＋英语方面的专业知识,努力成为复合型的具有专业方向的大学英语教师。

4.2.2.4 教材建设

结合上海商学院商科特色,大学英语教师们在教学改革实践的基础上,编写出版了多本 ESP 教材,如《21世纪大学实用行业英语综合教程》《商务英语口语教程》《商务英语视听说教程》等。

4.2.3 成果成效

大学英语教学部经过多年的教学改革与实践,构建了具有上海商学院特色的大学英语"EGP＋ESP"应用型人才培养的教学模式。2011年,"大学英语"被评为上海市精品课程;2013年,"应用型本科院校大学英语'EGP＋ESP'教学模式研究与实践"获得校级教学成果一等奖;2017年,"行业英语"(大学英语 ESP 系列课程)成为上海市教委本科重点建设课程;2017年,"个性化大学英语'EGP＋ESP'(酒店英语教学模式与实践)"荣获校级(本科组)教学成果二等奖;2019年,"行业英语"入选上海高校优质混合式在线课程示范案例;2020年1月,酒店管理专业"大学英语"成功申报为2020年度上海商学院校级课程思政建设项目;2020年,"大学英语(IV)"成功入选上海高校市级重点课程(线上线下混合式课程);"大学英语(IV)"课程荣获2020年第二届全国高校混合式教学设计创新大赛"设计之星";2021年1月,"大学英语(IV)"成功入选2020年度上海高等学校一流本科课程(线上线下混合式课程);2021年1月,酒店管理专业"大学英语"线下课程成功申报为2021年度上海商学院校级一流本科课程建设项目;2021年,"大学英语 ESP 课程《行业英语》线上线下混合式教学模式研究与实践"荣获校级教学成果一等奖;2023年1月,"大学英语"成功申报为2023年度上海商学院校级课程思政示范课程建设项目;2023年5月,"大学英语(IV)"成功入选第二批国家级一流本科课程(线上线下混合式一流课程),成为上海商学院大学英语课程建设的一个重要里程碑。2023年10月,"大学英语"(酒店管理专业)成功立项为2023年度上海高校市级重点课程。

大学英语学生们积极参加全国大学生英语竞赛,"外研社·国才杯"全国英语演讲、阅读和写作大赛,全国大学生学术英语词汇竞赛,"高教社杯"商业英语辩论大赛,"批改网杯"全国大学生英语写作大赛等国家级、市级和校级各类重大赛事,学生获奖人数众多,大大提高了学生学习英语的自信心,取得了很好的成效。

4.2.4　经验总结

大学英语教学部根据学校"培养应用型人才"的办学定位,结合学校商科特色,将通用英语(EGP)与专门用途英语(ESP)相结合。通用英语着重培养学生英语基本应用能力,专门用途英语包括商务英语、行业英语和酒店英语等。商务英语培养学生的商务沟通能力;行业英语与学生专业对接,助力学生的专业英语学习;酒店英语包含饭店服务和运营实用英语,旨在提升酒店管理专业学生的英语听说能力。

接下来,我们将探索个性化"EGP+ESP"(跨境电商英语)教学模式的可行性,逐步改进深化针对电子商务专业的ESP教学,从而更好地帮助跨境电商人才的英语核心能力培养和发展。

4.2.5　推广应用

2023年5月30日,教育部公布了第二批国家级一流本科课程的认定结果,上海商学院的"大学英语(IV)"成功入选第二批国家级一流本科课程(线上线下混合式一流课程),证明了"大学英语"课程多年来坚持的大学英语"EGP+ESP"教学模式和改革取得了显著的成绩,并得到了高度的认可。其他同行兄弟院校纷纷表示到上海商学院大学英语教学部调研的意愿,借鉴学习大学英语教学改革方式和成功经验,并应用到自己的教学中去。

4.3 以 4C 模式建设跨境数字贸易语言服务产教融合共同体

刘 军

摘 要:上海出版印刷高等专科学校外语系针对产业数字化转型中语言服务发展特点和外语专业建设要求,以 4C 模式为主要框架,建设跨境数字贸易语言服务产教融合共同体。4C 模式中,Courses(课程教学)为中心要素,Career training(就业实践)为必要组成部分,Competitions(技能竞赛)和 Certificates(职业证书)为重要组成部分,通过"知行合一、学训结合","以赛促教、以赛促学"和"课证融通、以证测学",实现产教融合协同育人,从而使"三教"改革逐渐深化,人才培养质量不断提升,学生就业形势保持向好。

关键词:4C 模式;学训结合;以赛促建;课证融通;协同育人

4.3.1 实施背景

随着全球经济一体化和产业数字化转型的深入发展,我国跨境数字贸易发展迅猛,2023 年上半年,我国外贸进出口规模在历史同期首次突破 20 万亿元,跨境数字贸易 1.1 万亿元,同比增长

16％。然而,由于跨境数字贸易的特殊性和复杂性,语言服务人才培养成了制约其发展的瓶颈之一。传统教育注重理论知识的传授,而跨境数字贸易行业需要"外语＋国际贸易＋新媒体应用"的高技能人才,原有的教育模式无法满足培养需求。此外,跨境数字贸易行业的发展速度快,技术和市场环境也在不断变化,传统教育模式往往无法及时跟上产业发展趋势。

为深入学习贯彻党的二十大精神,落实中共中央办公厅、国务院办公厅《关于深化现代职业教育体系建设改革的意见》、国务院办公厅《关于深化产教融合的若干意见》以及国家发展改革委等8部门《职业教育产教融合赋能提升行动实施方案(2023—2025年)》等文件精神,按照教育部《关于加快推进现代职业教育体系建设改革重点任务的通知》有关要求,发挥龙头企业、高水平高等学校和职业学校牵引作用,上海出版印刷高等专科学校外语系针对产业发展特点和外语专业建设要求,以本校资源为基础,构建了跨境数字贸易语言服务产教融合共同体,实现产教融合,推动行业发展。

4.3.2　主要做法

4.3.2.1　构建产教融合共同体建设 4C 模式

上海出版印刷高等专科学校外语系构建的跨境数字贸易语言服务产教融合共同体以 4C 模式为主要框架(图 2 - 4 - 7),构成共同体的各要素相互作用,协调发展,实现综合育人目标,为跨境数字贸易的高质量发展服务。4C 模式的各要素及相互作用关系如图 2 - 4 - 7 所示。

1. Courses 课程教学

此要素在 4C 模式中处于中心位置,是上海出版印刷高等专科学校外语系以本校"外语＋跨境数字贸易"知识讲授和技能培养为

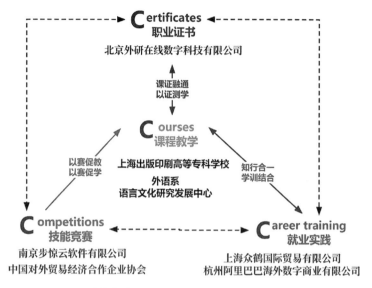

图 2‐4‐7　跨境数字贸易语言服务产教融合共同体建设 4C 模式

基础的育人机制。在项目引领下的学训结合、以赛促建、课证融通的良性发展中,提升跨境数字贸易实训条件,把职业技能等级证书所体现的先进职业标准融入人才培养方案;以就业为导向,依托校级科研平台语言文化研究发展中心,按跨境数字贸易语言服务岗位需求设计开发课程和教材,及时将最新技术、新要求、新规范、典型跨境数字贸易案例等纳入教学内容;推广项目教学、仿真教学,开发模块化、系统化的实训课程体系,努力在传承中创新育人机制,以提升学生跨境数字贸易语言服务实操水平和实践能力,有助于学生参加相关技能大赛和获得 1+X 证书。

2. Career training 就业实践

此要素为共同体建设的必要组成部分,是校企合作的校外载体,与校内课程体系形成"知行合一、学训结合"的相互联动。目前,共同体以上海众鹤国际贸易有限公司为跨境数字贸易校企合作基地,杭州阿里巴巴海外数字商业有限公司为职业证书和技能竞赛提供支持,为外语系师生提供跨境数字贸易实践机会,帮助学生将理论知识转化为实践经验,并提供就业岗位和职业发展支持。企业还通过产教融合共同体将其资源和技术优势作用于教育体系,在人才培养过程中同步解决技术应用难题,从而提高人才成长效率,降低人力成本,更快实现转型升级,并在语言服务等方面也进行了深度合作,实现互利共赢。

3. Competitions 技能竞赛

此要素为共同体的重要组成部分,对课程教学形成"以赛促学、以赛促教"的"以赛促建"作用。通过"全国新零售创新创业大赛"和"全国数字贸易技能大赛"等大赛平台展示学生的技能水平,扩展学生的知识背景和技能范围,提高学生的综合素质。同时,与为这些大赛提供技术平台支持的南京步惊云软件有限公司、指导比赛技术服务的中国对外贸易经济合作企业协会等企业和组织紧密合作,利用公司的跨境电商训练平台和技术资源,直接将跨境数字贸易语言服务场景融入课程教学和就业实践,为学校和企业进行交流和合作提供平台,实现资源共享和优势互补。

4. Certificates 职业证书

此要素也是共同体的重要组成部分,与课程教学形成"课证融通、以证测学"的互动关系。按国家职业教育改革实施方案"专业设置与产业需求对接、课程内容与职业标准对接、教学过程与生产过程对接"的要求,跨境数字贸易语言服务产教融合共同体结合学校专业特色,开展实用英语交际职业技能等级证书(VETS)工作,实现1+X证书与外语系课程教学的互通衔接,按照课证融通的要求改革教学内容和方式,将其融入课程成绩计算,同时使之适应技能大赛要求,校企合作单位将其作为提供岗位实践机会的基础条件,成为教学改革的助推器与活力源。

4.3.2.2 注重产教融合共同体建设 4C 模式体系发展

1. 校企协同,加强顶层设计

为切实加强跨境数字贸易语言服务产教融合共同体建设,上海出版印刷高等专科学校外语系,协同加入共同体的企业和机构,充分考虑 4C 模式中课程教学的中心地位和各要素的重要作用,组建了产教融合共同体建设工作领导组,分为协调管理和课程教学两个小组。

协调管理组由上海出版印刷高等专科学校外语系、语言文化研究发展中心、北京外研在线数字科技有限公司、上海众鹤国际贸易有限公司、南京步惊云软件有限公司相关项目负责人组成,负责调研和分析跨境电商行业的岗位需求分析,及时沟通信息,并统筹协调各工作小组工作,督促工作进度;也协同加强课程设计开发、教材建设、教师专业发展,积极支持专业教师参加培训并获得相应证书;向上海市教育行政、学校、评价组织、行业协会等部门和机构协调沟通,获得各方面的工作支持。

课程教学组为校内外语系和语言文化研究发展中心的领导小组,主要是依托语言文化研究发展中心,加强课程设计开发、教材建设和教师专业发展;按照外语教研室组织架构,确定专业带头人、骨干教师、专兼职教师的数量与结构,满足课程教学需求;制定考核方案,落实教材、实训软硬件、校企合作基地等建设工作;做好课程教学工作动态定期总结。

2. 融合建设,深化教学体系改革

一是共同体建设成果融入人才培养计划和课程教学大纲,将专业核心课程教学内容与 VETS 证书的考试模块分别对照商务英语人才培养方案相关课程,确认商务英语听力和商务英语阅读两门专业课程与 VETS 中级证书考试模块重点内容一致,向学校教务管理部门申请这两门课与 VETS 中级证书互换学分;跨境数字贸易语言服务相关课程将 VETS 考核内容、"全国新零售创新创业大赛"和"全国数字贸易技能大赛"等比赛情况纳入教学大纲，探索课程融通、以赛促建。

二是依托共同体共建跨境数字贸易语言服务实践教学体系，秉持"突出应用、服务职场、驱动发展"的理念，一方面充分利用 VETS 实训平台、步惊云跨境电商实训平台等在线系统开展混合式实践教学，另一方面依托高水平专业群建设，结合与上海众鹤国际贸易有限公司的校企合作项目，拓展顶岗实习的实践岗位，提升学生解决实际职场问题的能力。

三是利用共同体资源加强"双师型"师资队伍建设，完善"双师型"师资队伍建设的规划和标准，制定的规划和标准具有教学、岗位、大赛、职业技能四重适应性，在弥补短板的同时努力创新。

4.3.3 成果成效

一是"三教"改革逐渐深化。通过 4C 模式推动共同体建设，目前已建成产教融合协同育人全国示范基地 1 个，获得全国"教改先锋奖"；依托共同体平台，合作开发教材 4 本（表 2-4-2）；组织教师参加了 1+X 实用英语交际职业技能等级证书（中级）师资培训和考评员资格培训，部分教师参加了职业证书阅卷考评工作，并组织教师参加企业实践，提高了外语专业双师结构比例。

二是人才培养质量不断提升。通过 4C 模式建设跨境数字贸易语言服务产教融合共同体，校企深度合作，将岗位需求与课程设置相结合，学生更好地适应了跨境电商行业的需求，掌握跨境数字贸易行业所需的专业知识和技能，提高了人才培养质量。近三年，外语系学生在全国跨境数字贸易语言服务相关比赛中获奖共计 56 人次。

三是学生就业形势保持向好。通过实施岗位实习和赛事竞赛,学生能够在实践中提升自己的能力,增加就业竞争力,毕业生近年就业率保持稳定在 95％以上(表 2－4－3)。

表 2－4－2　2022—2023 年产教融合共同体协同建设教材汇总

序号	教　材　名　称	参与建设的共同体单位	入选校级规划教材时间
1	新媒体营销英语实训教程	上海出版印刷高等专科学校 上海众鹤国际贸易有限公司	2022 年
2	传媒英语实训教程	上海出版印刷高等专科学校 北京外研在线数字科技有限公司	2022 年
3	跨境电商英语实训教程	上海出版印刷高等专科学校 南京步惊云软件有限公司	2022 年
4	跨文化翻译实训教程	上海出版印刷高等专科学校 上海众鹤国际贸易有限公司	2023 年

表 2－4－3　2021—2023 年外语系毕业生就业率统计

年　份	就　业　率
2021	100％
2022	97.9％
2023	100％

4.3.4　经验总结

以 4C 模式建设跨境电商产教融合共同体在实施过程中,充分体现了产教协同育人特性,有以下几点启发。

一是需要基于岗位需求分析,建议前期由协调管埋组首先对跨境电商行业的岗位需求进行深入调研和分析,确定各个岗位的技能要求和能力素质。

二是注重课程教学设计优化,根据岗位需求分析的结果,对现有的课程设置进行优化和调整,增加与跨境数字贸易语言服务相关的课程内容,确保学生能够掌握所需的专业知识和技能。

三是校企联合加强实施岗位实习。为了让学生更好地了解跨境数字贸易行业的实际操作和工作环境,安排学生进行跨境数字贸易企业的语言服务岗位实习,提供实践机会,培养实际操作能力。

四是协同组织跨境数字贸易语言服务相关的竞赛活动,鼓励学生参与,通过竞赛锻炼学生的团队合作能力和创新能力。

五是联合建立跨境数字贸易语言服务职业证书认证和学分互换机制,对学生在课程学习、实习和竞赛中的表现进行评估和认证,为学生提供具有市场认可度的证书。然而,目前对跨境数字贸易语言服务的职业证书仍未有公认的认证标准,本案例采用教育部 1+X 等级证书体系中的 VETS 进行考评,仍在试点阶段,对跨境电商的平台运营能力评价较少,需进一步探索和实践。

4.3.5 推广应用

本案例适用于高职高专外语类专业的产教融合发展,尤其是以商务外语为方向的专业建设,在实施中需要注意如下几点。

一是以跨境数字贸易行业语言服务需求为导向。人才培养应该紧密围绕行业需求进行,将岗位需求与课程设置相结合,培养适应行业发展的专业人才。

二是坚持跨境数字贸易语言服务职业实践导向。通过实施岗位实习和赛事竞赛等实践活动,提升学生的实际操作能力和创新能力,增加就业竞争力。

三是实现共同体合作共赢。学校与企业的深度合作是人才培养的重要环节,通过与企业合作,将教育与产业需求相结合,实现双方的共赢。

四是加强跨境数字贸易语言服务能力评估认证。应建立具有权威认可度的证书认证机制,对学生在课程学习、实习实践和比赛中的表现进行评估和认证,提高跨境数字贸易人才的竞争力。